Constanze Thiel

Wabenpapier

Die schönsten Bastelideen

ENGLISCH VERLAG

Dieses Buch widme ich
meinem Sohn Tobias

Die Deutsche Bibliothek – CIP-Einheitsaufnahme
Wabenpapier: Die schönsten Bastelideen / Constanze Thiel. – Wiesbaden: Englisch, 1997
ISBN 3-8241-0772-4

ISBN 3-8241-0772-4

Fotos: Frank Schuppelius
Printed in Germany

Die Ratschläge in diesem Buch sind von Autorin und Verlag sorgfältig erwogen und geprüft, dennoch kann eine Garantie nicht übernommen werden. Eine Haftung der Autorin bzw. des Verlages und seiner Beauftragten für Personen-, Sach- und Vermögensschäden ist ausgeschlossen. Eine gewerbliche Nutzung der Vorlagen und Abbildungen ist verboten und nur mit ausdrücklicher Genehmigung des Verlages gestattet.

Inhaltsverzeichnis

Vorwort

Es gibt Dinge, die nimmt man in die Hand und sie lassen einen nicht mehr los. Die Faszination, die von Wabenpapier ausgeht, regt zu immer neuen Ideen und Experimenten an – so soll auch dieses Buch für Sie der Beginn einer Materialfreundschaft werden.
Das Wabenpapier besticht durch seine Plastizität. Mit nur wenigen Schnitten kann man Kugeln, Kegel oder andere geometrische Formen herstellen, welche im normalen „Bastlerleben" fast unüberwindbare Schwierigkeiten darstellen. Da das Material sehr leicht ist, eignet es sich hervorragend für die Herstellung von Mobiles – aber auch Tischdekorationen, Platz-, Einladungs- und Grußkarten mit plastischen Effekten lassen sich einfach herstellen. Verschiedene Motive können auf Geschenkverpackungen die obligatorische Schleife ersetzen. Sie werden sehen, es macht einfach Spaß, mit Wabenpapier zu gestalten.

Die in diesem Buch gezeigten Bastelanleitungen repräsentieren nur einen kleinen Teil der vielfältigen Einsatzmöglichkeiten für Groß und Klein. Sei es im Kinderzimmer, als Mobile im Büro oder Wartebereich, als Glückspilz für die Silvesterdekoration, als Buffetdekoration für ein Sommerfest oder eine große Kindergeburtstagsfeier – Wabenpapier passt einfach immer!

Beim Basteln wünsche ich Ihnen viel Freude – die Bewunderung von Gästen, Beschenkten und Freunden wird Ihnen gewiss sein.

Ihre Constanze Thiel

Material und Werkzeuge

- 30-lagiges Wabenpapier mit einem Abstand von 2 cm
- farbiger Fotokarton und kleinere Hilfsmittel, je nach Arbeitsanleitung
- eine scharfe Bastelschere mit langer Schnittfläche (ca. 10 cm)
- eine kleine Nagelschere
- ein Cutter
- ein Lineal
- ein Geodreieck
- Bleistifte
- ein schwarzer dünner Filzstift oder Tuscheschreiber
- eine Schneidunterlage oder ein dicker Bogen Graupappe
- für einige Motive ist ein Schneidezirkel von Vorteil, jedoch nicht unbedingt erforderlich
- Radiergummi (ohne Schmirgelstoffe)
- Weißleim
- Fixogum (Spezialkleber)
- eine Stricknadel oder ein langes dünnes Hölzchen
- zwei Falzbeine, alternativ zwei saubere Eisstiele
- dünner Nylonfaden für die Mobiles (gibt es besonders günstig in verschiedenen Farben im Anglerbedarf)
- Transparentpapier, Graphitpapier (im Fachgeschäft für Zeichenbedarf)

Grundanleitung

Bitte lesen Sie sich vor Beginn der jeweiligen Bastelarbeit die gesamte Anleitung für das gewählte Motiv durch, sodass Sie alle zur Herstellung notwendigen Werkzeuge parat haben.

Beginnen wir mit dem ***Materialeinkauf*** Zu Anfang eines jeden Motivs ist eine Materialliste aufgeführt, nach der Sie einkaufen können. Manchmal werden nur sehr kleine Stückchen einer Farbe benötigt. Es empfiehlt sich daher, eine Restetüte oder einen Restekarton anzulegen und nicht gleich alle Kartonschnipsel wegzuwerfen. Mit der

Zeit erhalten Sie so einen Vorrat an vielen Farben und brauchen nicht jedesmal einen neuen Bogen Karton zu kaufen. Für jedes Motiv habe ich die ungefähre Größe angegeben, sodass Sie den Materialbedarf besser abschätzen können.

Für die nachfolgenden Motive wurde 30-lagiges Wabenpapier mit einem Wabenabstand von 2 cm verwandt. Die Wabenpapierschablonen sind auf dieses Raster ausgelegt, bei anderen Wabenbreiten können die Wabenlinien nicht übernommen werden, da sie in ihrem Abstand zueinander fest sind. Verteilen Sie dann die Wabenlinien sinngemäß der Vorlage.

Für die ***Verklebung des Wabenpapiers*** empfehle ich möglichst „trockene" Klebetechniken. Zwar benötigen Sie stellenweise auch einen Holz- oder Weißleim (Ponal, Uhu Coll o. ä.), die meisten Verklebungen jedoch habe ich mit Fixogum (notfalls kann man auch einen Papierklebestift nehmen) ausgeführt. Da das Wabenpapier sehr feuchtigkeitsempfindlich ist, sind durchnässende Klebersorten nicht zu empfehlen. Fixogum kann in direktem Verklebe- oder im Kontaktverfahren angewandt werden – bitte beachten Sie hierzu auch die Herstellerangaben – und hat den großen Vorteil, dass man es auch nachträglich vom Bastelstück durch Reibung entfernen kann.

Um ein Motiv nachzuarbeiten, müssen Sie zuerst die Vorlagen auf das jeweils angegebene Originalmaterial (Wabenpapier oder farbiger Karton) übertragen.

Dafür stehen Ihnen diverse Techniken zur Verfügung. Eine der schnellsten ist das ***Übertragen des Motivs*** mittels Graphitpapier auf den Karton. Graphitpapier ist eine besondere Art von Durchschlagsblaupapier, das auf Bleistiftbasis arbeitet und somit hinterher ausradiert werden kann. Für das Wabenpapier sollten Sie auf jeden Fall eine Schablone anfertigen, denn der Wabenverlauf, sprich die Längsklebelinien, haben entscheidenden Einfluss auf das Zustandekommen der späteren Form. Schablonen kann man auch besonders schnell herstellen, wenn man den Bastelbogen fotokopiert und dann einfach das betreffende Motiv ausschneidet. Achtung: Beim Vergrößern oder Verkleinern des Motivs den Wabenverlauf beachten. Die Wabenlinien können in diesem Fall nicht übernommen werden, da sie in ihrem Abstand zueinander fest sind. Verteilen Sie die Wabenlinien dann sinngemäß der Vorlage. Manche Motive sind mittig aufgebaut, andere brauchen gerade im Randbereich eine Wabenlinie – da hilft dann ausprobieren.

Beim ***Schneiden des Wabenpapiers*** beachten Sie bitte folgende Hinweise: Führen Sie stets den Daumen mit der Schnittkante, besonders dann, wenn Sie eine Wabenlinie zum Ende der Figur hin durchschneiden. Das Papier versucht sich zur Schnittkante hin zu verschieben. Die Schnittkante sollte später möglichst senkrecht verlaufen, etwaige

Überstände von der ersten zur letzten Lage Seidenpapier bitte vor dem Zusammenkleben begradigen. Betrachten Sie hierfür das Werkstück von beiden Seiten. Werden mehrere Lagen Wabenpapier aufeinander geklebt, gilt das ganz besonders, weil sich sonst beim Schließen der Figur Probleme durch unschöne Überstände ergeben. Legen Sie die Wabenpapierschablonen immer gemäß der Wabenverlaufslinie auf und achten Sie auf gleichen Wabenverlauf bei mehrteiligen Figuren.

Bei einigen Motiven wird nur ein kleiner Teil des 30-lagigen Wabenpapiers benötigt. Dafür wird das Wabenpapier in seiner Dicke geteilt. Dehnen Sie das ***zu teilende Papier*** auf und legen Sie durch Abzählen der offenen Rhomben den abzutrennenden Teil fest. Fahren Sie mit einem Falzbein oder einer Stricknadel an der entsprechenden Stelle mittig durch das Motiv und legen Sie das Papier nun flach auf den Tisch. Spannen Sie das Papier mit Daumen und Zeigefinder vor und hinter dem Falzbein, während Sie mit der anderen Hand das Falzbein ruckartig waagerecht zum Tisch durch das Papier bewegen. Trennen Sie so das gesamte Motiv in zwei oder drei dünnere Teile auf. Sollte Ihnen beim Trennen eine Lage Seidenpapier schräg einreißen, entfernen Sie nachträglich durch vorsichtiges Abziehen die ganze Papierlage. Im verarbeiteten Zustand entspricht jede Seidenpapierlage einem halben Rhombus.
Generell können Sie davon ausgehen, dass für Motive bis zu einem Durchmesser von ca. 6 cm eine Lage Wabenpapier ausreicht, um ein Motiv rund zu schließen. Manchmal ist es jedoch ratsam, auch bei kleinen Motiven das ganze Papier zu doppeln, um so eine optisch größere Dichte zu erhalten. In vielen Motiven gibt es eine Mittellage aus Karton. Diese ist meist kleiner als der Wabenpapierzuschnitt, sofern nicht herausragende Teile für das Motiv benötigt werden.

Führen Sie die ***Schnitte***, die spitzwinklig nach innen verlaufen, mit der Schere immer zur Spitze hin, mit dem Cutter von der Spitze nach außen aus. Wenn Sie Rundungen schneiden, drehen Sie das Werkstück gegen die Schere, verkanten Sie nicht die Schere gegen das Material. Für kleine Rundungen sollten Sie stets eine kleine, an der Spitze rundgebogene Schere verwenden, für gerade Schnitte Lineal und Cutter oder eine möglichst große scharfe Papierschere. Manchmal kann man das Wabenpapier nicht mit einem Schnitt durchtrennen. Setzen Sie den Cutter oder die Schere nochmals an, wenn Sie Materialwiderstand verspüren - es nützt nichts, das Papier zu reißen, weil das Motiv dann verdorben ist.

Nachdem Sie nun alle benötigten Teile für ein Motiv ausgeschnitten und deren Passform zueinander überprüft haben, kann zusammengeklebt werden. ***Kleben Sie das Wabenpapier*** jetzt entlang der Wabenpapierachse auf den Karton und ziehen es danach einmal ganz in die Länge, um sämtliche Waben gleichmäßig vorzudehnen. Drehen Sie das Werkstück und wiederholen Sie den Vorgang auf der Gegenseite. Legen Sie danach entlang der Wabenpapierachsen eine Klebstoffnaht auf die hohen Papierkanten und bestreichen Sie die eine offene Kartonseite mit Klebstoff. Schließen Sie nun auf der ersten Seite die Fugen um die sogenannte Rotationsachse. Unter Rotationsachse versteht man die Mittelachse eines Körpers. Beim Wabenpapier ist dies die senkrechte Schnittkante, um die herum die Figur aufgefächert wird.

Auf der Gegenseite bestreichen Sie das Wabenpapier mit Klebstoff und fügen jetzt den Körper komplett zusammen. Dabei kann es je nach Figur hilfreich sein, mit einem Eisstäbchen oder Falzbein in die Waben zu fahren, um das Motiv in seiner ganzen Tiefe andrücken zu können, ohne die Außenflächen zu beschädigen.

Soll das Wabenpapier ***nahtlos***, d. h. ohne Kartonmittellage verklebt werden, klebt man zuerst etwaige zweite Lagen zu einem Päckchen zusammen. Dann wird die ganze Konstruktion bis auf volle Länge gedehnt. Dabei entsteht ein längliches Band. Jetzt können die beiden Außenflächen gut miteinander verklebt werden. Danach das Motiv durch leichten Außendruck in Form schnappen lassen. Eine Stricknadel oder einen langen Holzspieß mit Weißleim bestreichen und die Form nochmals leicht öffnen. Mittels des Stabes nun den Klebstoff entlang der Rotationsachse auftragen und die Figur von außen gleichmäßig in Form pressen. Das hört sich schwierig an, ist aber dank der Spannkraft des Materials sehr einfach. Die gewünschte Form entsteht nach dem Schließen der flachen Seiten fast von selbst.

Neigt Ihre fertige Wabenpapierfigur dazu, sich nach unten oder oben zu öffnen, liegt dies meist an einem schrägen Wabenverlauf zur Rotationsachse. Nur wenn die Wabenlinien rechtwinklig zur Achse stehen, ist die Figur von oben bis unten geschlossen. Kartonteile, die außen auf der Wabenpapierfigur zu befestigen sind, verklebt man am besten mit Weißleim, da dieser eine starre Kleheverbindung herstellt.

1. Birne

Sie benötigen:

- ***Fotokarton in Dunkelbraun, einen Rest in Beige***
- ***Wabenpapier in Gelb***
- ***3 Schablonen***

Originalgröße: 21 cm Höhe

Schneiden Sie die Grundform der Birne aus dunkelbraunem Fotokarton aus. Fügen Sie dann zweimal am oberen Ende des Stieles den beigen Abschluss an. Schneiden Sie gemäß Schablone aus gelbem Wabenpapier 2 x die Birne aus. Kleben Sie diese beidseitig entlang der Rotationsachse fest. Begradigen Sie etwaige Formverschiebungen und schließen Sie danach den Papierkörper.

Ein Tipp: Sie können natürlich auch aufgeschnittene Birnen gemäß dem System Apfelschnitz (S. 11) herstellen.

2. Apfel und Apfelschnitz

Sie benötigen für den Apfel:

- ***Fotokarton in Dunkelbraun, kleinere Stücke in Grün, einen Rest in Beige***
- ***Wabenpapier in Rot***
- ***4 Schablonen***

Originalgröße: 12 cm Höhe

Schneiden Sie aus braunem Fotokarton den gesamten Apfel incl. Blattform aus. Danach noch je 2 x das grüne Blatt und die kleinen beigefarbenen Stielabbruchstellen. Beim Verkleben des Blattes auf dem braunen Apfel werden Sie feststellen, dass das grüne Blatt größer ist, als der braune Teil. Dies ist beabsichtigt, so können Sie die beiden Blattteile von oben und unten konturgleich aufeinander kleben, ohne dass ein brauner Rand sichtbar wird. Setzen Sie nun am Stielende die beiden beigefarbenen Abschlüsse auf. Bei Bedarf sollte die gesamte Figur jetzt an der Kontur nachgeschnitten werden.

Schneiden Sie nun nach dem Schnittmuster zwei rote Apfelteile in Wabenpapier aus und beachten Sie beim Anlegen der Schablonen den waagerechten Wabenverlauf. Kleben Sie die beiden Hälften erst an einer Seite entlang der Rotationsachse fest und vergleichen Sie nochmals den richtigen Sitz der Teile zueinander. Schließen Sie danach die Form, sodass am Ende im Außenbereich Wabenpapier auf Wabenpapier klebt. Unten bleibt der braune Karton als „Apfelblüte" sichtbar.

Sie benötigen für den Apfelschnitz:

- ***Fotokarton in Gelb und Beige, einen Rest in Dunkelbraun***
- ***Wabenpapier in Rot***
- ***4 Schablonen***

Originalgröße: 9 cm Höhe

Schneiden Sie aus gelbem Fotokarton das Apfelfruchtfleisch zu. Legen Sie wieder zuerst einen Falzschnitt durch die Mittelachsen und schneiden Sie beide Fotokartonhälften gemeinsam aus. Verfahren Sie ebenso bei dem Kernhaus in Beige. Kleben Sie die Teile in geknicktem Zustand aufeinander und setzen Sie zum Schluss die 4 Apfelkerne aus dunkelbraunem Fotokarton auf. Schneiden Sie aus dem Wabenpapier nach der Vorlage „Apfel" eine Lage aus. Dehnen Sie diese gut vor und kleben Sie sie in die Innenseite des entstandenen Kartonwinkels. Nach dem gleichen Verfahren können Sie auch den aufgeschnittenen Apfel herstellen, wahlweise mit oder ohne Stiel (als Kombination der Schablonen Apfel und Apfelschnitz). Für den ¾ Apfel benötigen Sie dann 1 ½ Längen Wabenpapier nach Schablone. (Siehe Teilen von Wabenpapier bei Verarbeitungshinweisen S. 8).

3. Ananas

Sie benötigen:
- ***Fotokarton in Orange***
- ***Wabenpapier in Orange und Grün***
- ***3 Schablonen***

Originalgröße: 32 cm Höhe

Schneiden Sie die Mittelrippe der Ananas aus Fotokarton zu und markieren Sie die Rotationsachse auf dem Karton. Beachten Sie beim Ausschneiden des orangefarbenen Wabenpapiers den Verlauf der Wabenlinie, denn diesmal verläuft die Wabenlinie parallel zur Rotationsachse. Bei dem grünen Zuschnitt ist sie dann wieder wie gewohnt rechtwinklig zur Drehachse. Kleben Sie beide Wabenpapierteile einseitig auf den Karton auf. Passen Sie danach auf der Gegenseite die beiden anderen Wabenpapierteile an. Dehnen Sie das Papier vor und schließen Sie nacheinander die Teile zur vollen Form. Beginnen Sie beim Zusammenfügen des Wabenpapiers stets an den äußeren Eckpunkten und drücken Sie es zur Mitte hin zusammen. Beachten Sie hierfür auch die Hinweise in der Grundanleitung, Seite 9.

4. Pflaumen

Sie benötigen:
- ***Fotokarton in Dunkelbraun***
- ***Wabenpapier in Lila***
- ***2 Schablonen***

Originalgröße: 9,5 cm incl. Stiel

Schneiden Sie zuerst aus dem dunkelbraunen Fotokarton das Herzstück der Pflaume samt Stiel aus. Bei diesem kleinen einfachen Körper reicht sogar nur eine Lage Wabenpapier, um den Kreis zu schließen. Schneiden Sie daher pro Pflaume ein Formteil in Lila aus und kleben Sie dies von vorne und hinten auf den braunen Karton.

5. Melone

Sie benötigen:
- ***Fotokarton in Grün, Pink, Orange und Beige, Reste in Dunkelbraun***
- ***Wabenpapier in Hell- und Dunkelgrün (alternativ in Hellbraun oder Gelb)***
- ***5 Schablonen***

Originalgröße: ca. 27 cm Länge

Kopieren Sie sich vom Vorlagebogen das größte Doppelkreisteil. Schneiden Sie dieses aus grünem Fotokarton aus. Am gleichmäßigsten wird dies, wenn zuvor ein dünner Falzschnitt entlang der Mittelachsen der Figuren angebracht wird. Danach knicken Sie den Karton und schneiden beide Kartonlagen gleichzeitig zusammen aus. Das zweitgrößte Kreisteil schneiden Sie nach dem gleichen Verfahren aus pinkfarbenem Karton aus, das kleinste aus orangefarbenem Karton. Danach kommt das sternförmige Mittelstück. Verfahren Sie wie vorher beschrieben und legen Sie einen Mittelfalz an. Schneiden Sie danach des Teil grob halbkreisförmig zu. Führen Sie dann

erst strahlenförmig zur Mitte hin die Schnitte für die Spitzen durch, jeweils von außen nach innen. Für den Melonenspalt werden die Teile nun in geknicktem Zustand aufeinander geklebt. Dabei entwickelt sich der Außenwinkel zu einer stabilen Form.

Achtung: Keinesfalls die Teile in planem Zustand aufeinander kleben, der mehrlagige Karton lässt sich dann nicht mehr sauber in Form bringen. Schneiden Sie nun eine Länge Wabenpapier in Dunkelgrün aus und kleben Sie diese (s. Grundanleitung S. 8) in den Innenwinkel des Melonenstücks. Schneiden Sie dann noch eine Anzahl von Kernen aus braunem Fotokarton zu. Kleben Sie diese kreisförmig zum Mittelpunkt hin auf den pinkfarbenen Karton.
Für die 3/4 Melone wiederholen Sie die Arbeitsschritte wie oben beschrieben, beim Zusammenfügen des farbigen Kartons wird jedoch umgekehrt in den Innenwinkel geschichtet geklebt. Für die 3/4 Melone benötigen Sie dann 2 Teile dunkelgrünes Wabenpapier sowie 2 Teile hellgrünes Wabenpapier. Nachdem Sie das hellgrüne Wabenpapier (oder als Alternative in hellbraunem oder gelbem Wabenpapier) ausgeschnitten haben, teilen Sie dieses in zwei gleich große Hälften der vollen Materialstärke. (s. Grundanleitung, S. 8). Kleben Sie danach auf eine halbe Lage hellgrünes eine ganze Lage dunkelgrünes Wabenpapier. Darauf gemäß der Abbildung wieder eine halbe Lage hellgrünes und eine Lage dunkelgrünes Wabenpapier. Den Abschluss bildet eine dritte halbe Lage hellgrünes Papier. Achten Sie jetzt besonders darauf, die Teile gut und gleichmäßig vorzudehnen. Kleben Sie dann den 3/4 Kreis um den Kartoninnenwinkel und fächern Sie so die Frucht auf. Entlang der Mittelachse kann eine üppige Klebstoffnaht ein Ausbrechen der Form verhindern.

6. Beerenobst

Sie benötigen für die Himbeeren:
- ***Fotokarton in Grün***
- ***Wabenpapier in Pink***
- ***3 Schablonen***

Originalgröße: 8 cm Höhe (plus Stiel)

Schneiden Sie aus dem Wabenpapier 2 x gemäß der Schablone eine gewellte Fruchthälfte zu. Benutzen Sie hierfür am besten eine Nagelschere. Verkleben Sie die beiden Teile im „Nahtlosverfahren" (s. Grundanleitung, S. 9) miteinander. Schneiden Sie danach den Stielansatz sowie den Stiel aus Fotokarton aus. Nachdem Sie einen feinen Schlitz in das Grün eingebracht haben, falzen Sie den Stiel am unteren Ende und stecken ihn durch den Schlitz. Verkleben Sie ihn dann auf der Blattrückseite und setzen Sie das gesamte Teil am oberen Ende auf die Himbeere auf.

Sie benötigen für die Brombeeren:

- **Fotokarton in Grün**
- **Wabenpapier in Lila**
- **1 + 2 Schablonen aus dem Motiv „Himbeeren"**

Originalgröße: 7,5 cm Höhe (plus Stiel)

Fertigen Sie die Brombeere wie unter „Himbeeren" beschrieben mit den zu diesem Modell gehörigen Schablonen. Das Grün ist ebenfalls das Gleiche.

Sie benötigen für die Erdbeeren:

- **Fotokarton in Grün**
- **Wabenpapier in Rot**
- **3 Schablonen**

Originalgröße: 7,5 cm Höhe (plus Stiel)

Fertigen Sie die Erdbeere wie unter „Himbeeren" beschrieben mit den zu diesem Modell gehörigen Schablonen. Besonders schön sehen die Erdbeeren in Gruppen dekoriert in einem Spankörbchen aus.

7. Marienkäfer Siebenpunkt

Sie benötigen:
- ***Fotokarton in Schwarz***
- ***Wabenpapier in Rot und Schwarz***
- ***6 Schablonen***

Originalgröße: 15 cm Länge

Schneiden Sie gemäß Vorlagebogen 2 x die Flügel in rotem Wabenpapier und 1 x das Kopfteil in schwarzem Wabenpapier zu. Für den Körper brauchen Sie weiterhin 1 x eine Mittelrippe in schwarzem Karton (diese entspricht einer Wabenpapierlage), eine Grundplatte sowie 7 Punkte mit einem Kreisdurchmesser von 3 cm. Stellen Sie diese am besten mit einem Schneidezirkel her. Die Fühler werden ebenfalls paarweise ausgeschnitten. Kleben Sie nun die beiden roten Lagen Wabenpapier links und rechts auf die schwarze Mittelrippe. Danach Teile vordehnen, hohe Kante der Rotationsachse mit Klebstoff bestreichen und dann die beiden Außenseiten auf dem Körper festkleben. Danach den schwarzen Kopf aufsetzen. Jeweils in die dritte Lage (von unten aus gezählt) die Fühler einkleben. Zum Schluss verteilen Sie die schwarzen Punkte gemäß Abbildung auf dem Käfer – fertig ist der Glückskäfer.

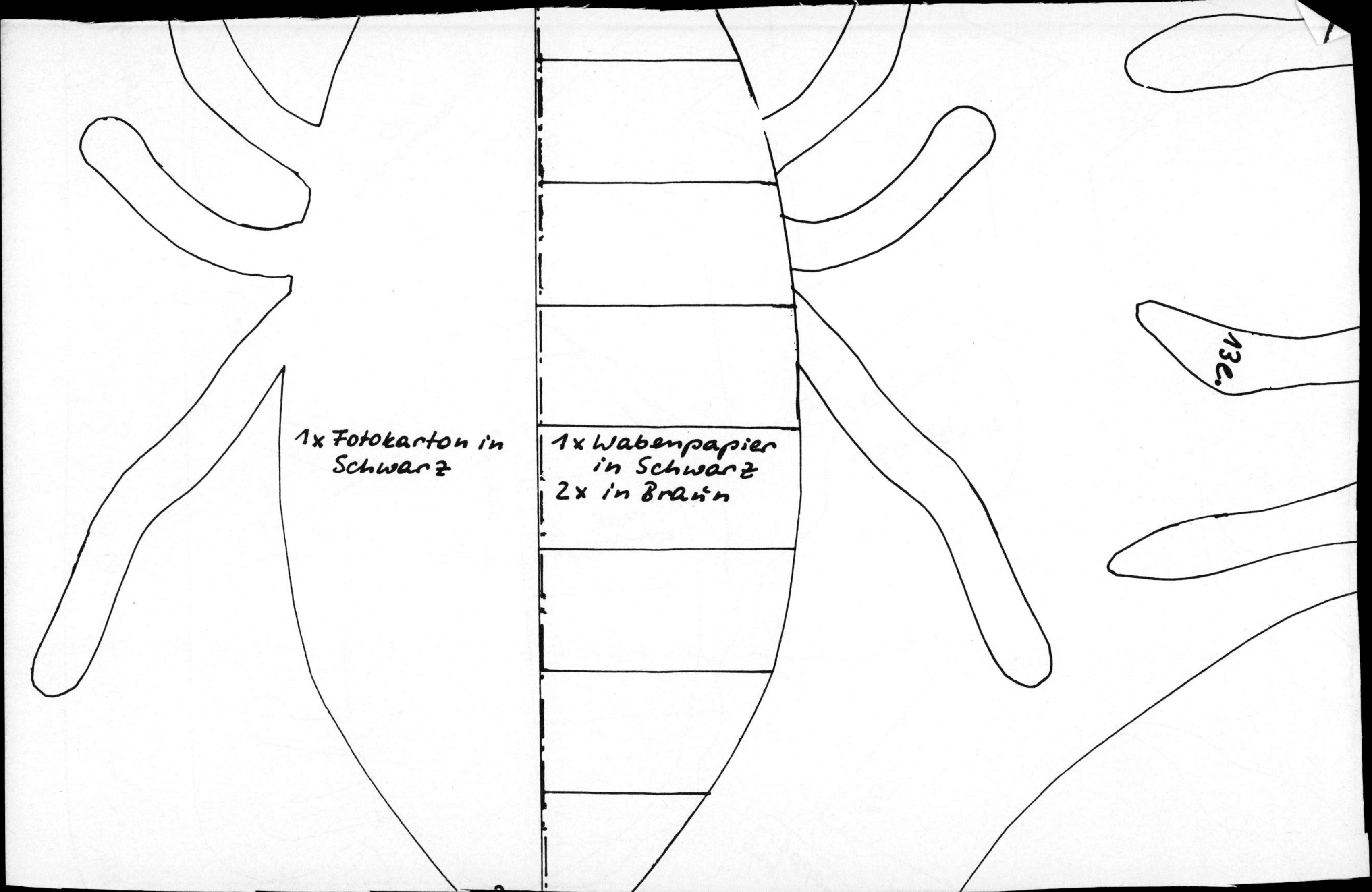
1x Fotokarton in Schwarz
1x Wabenpapier in Schwarz
2x in Braun
13e.

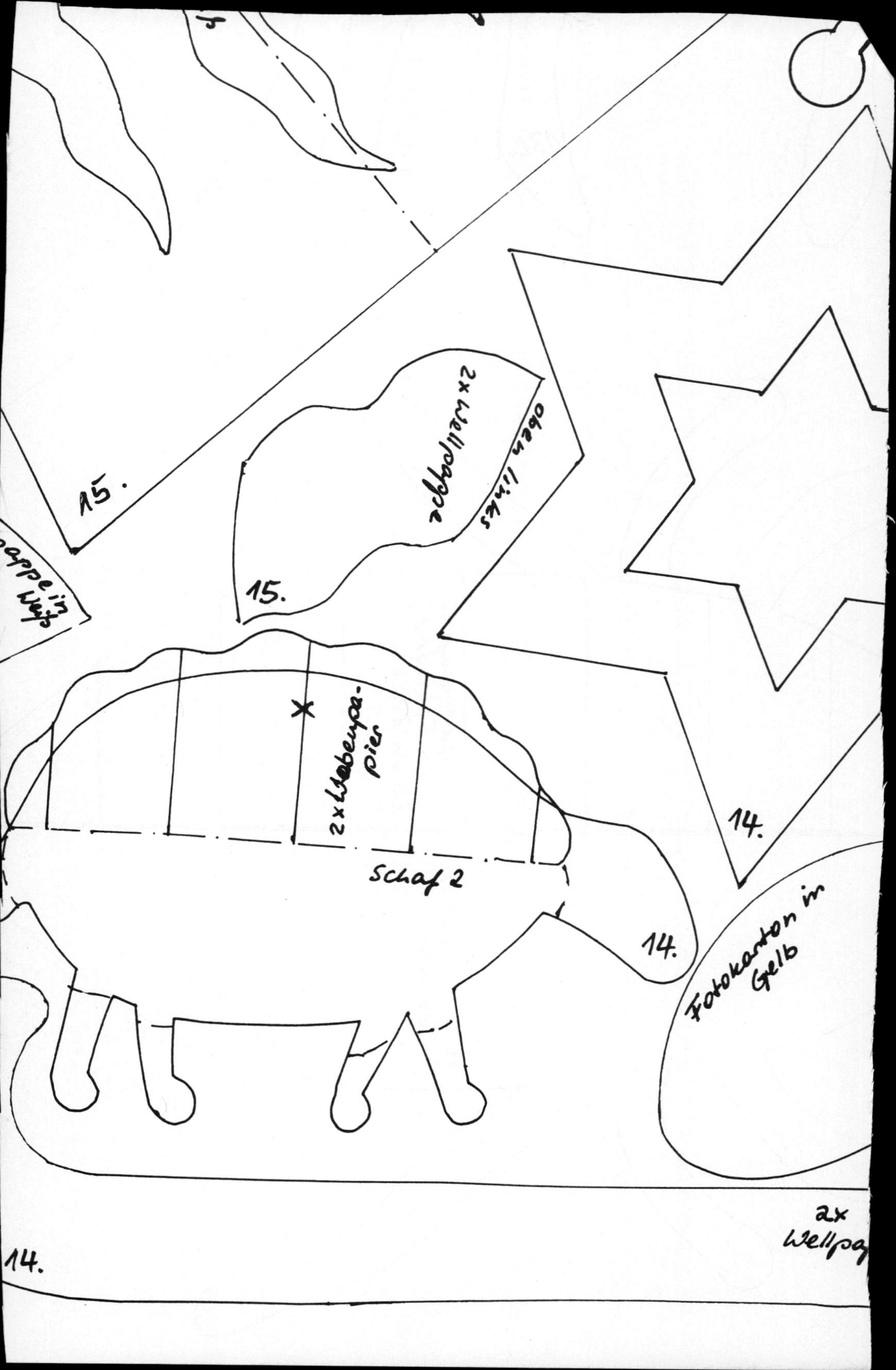

15.
2x Wellpappe
oben links
15.
pappe in Weiß
2x Wabenpapier
Schaf 2
14.
14.
Fotokarton in Gelb
2x Wellpa
14.

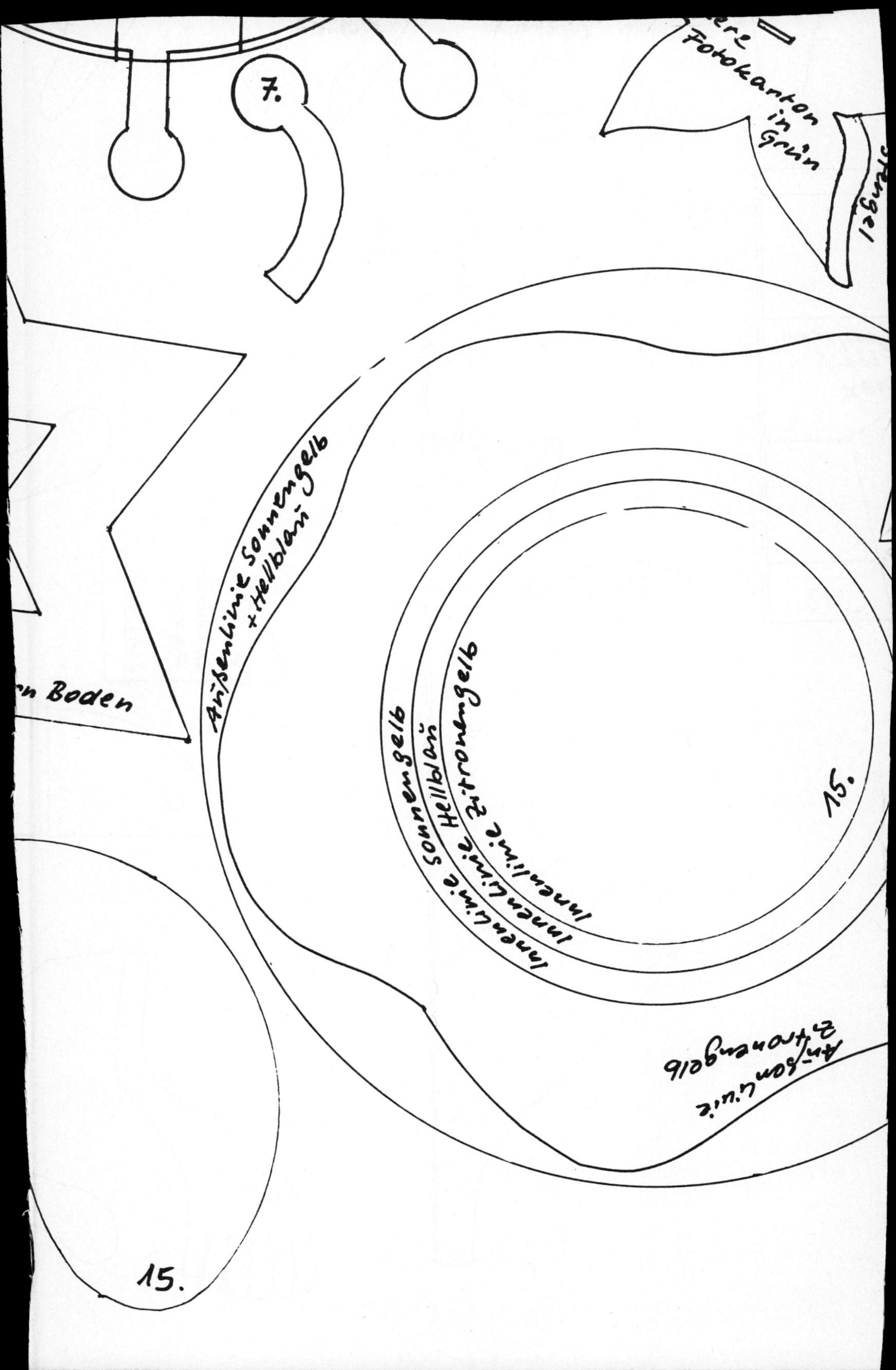
7.
...ere
Fotokarton
in
Grün
...n Boden
Außenlinie Sonnengelb
+ Hellblau
Innenlinie Sonnengelb
Innenlinie Hellblau
Innenlinie Zitronengelb
15.
Außenlinie
Zitronengelb
15.

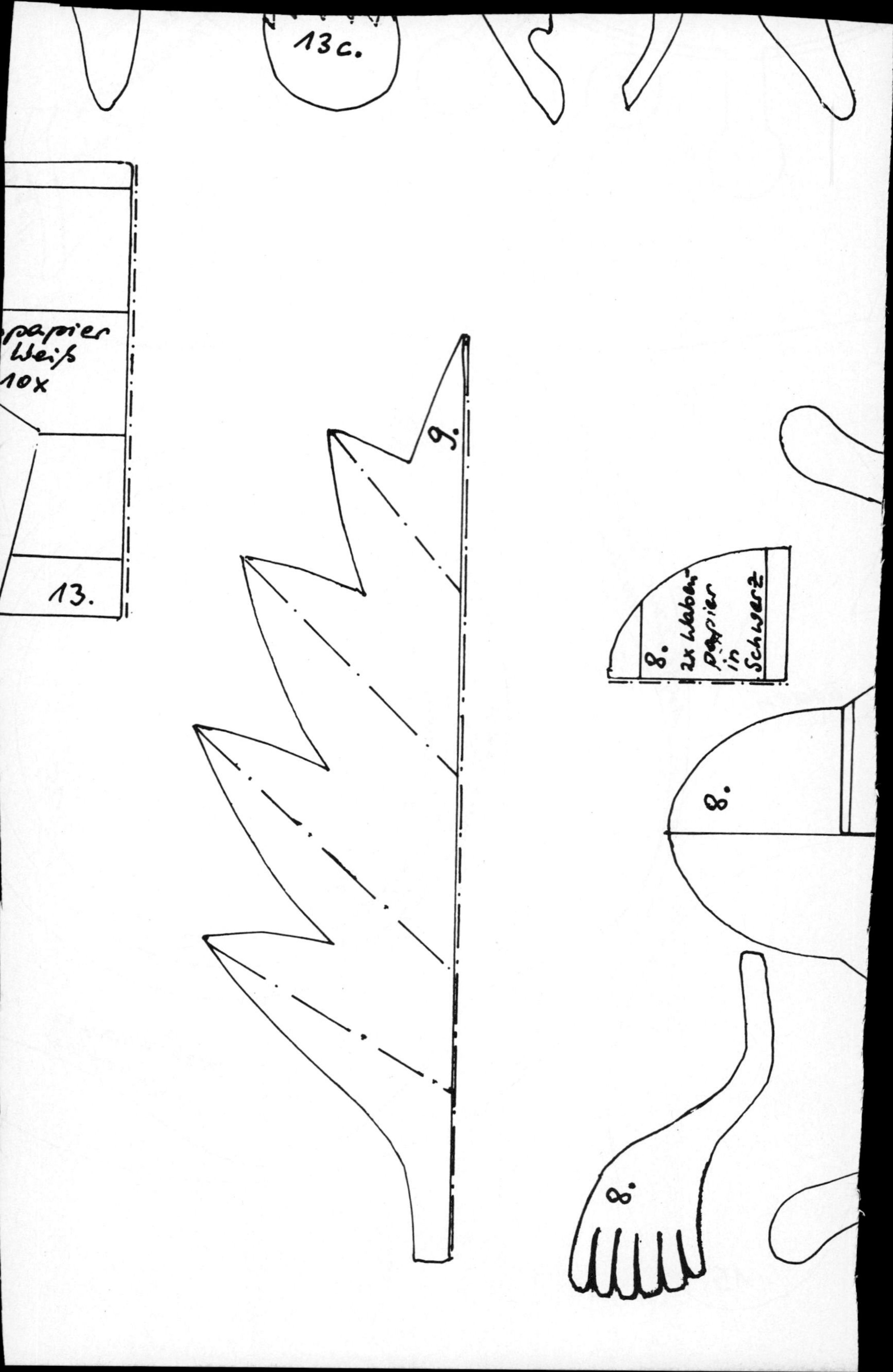
13c.
papier
Weiß
10x
13.
9.
8.
2x Wabenpapier in Schwarz
8.
8.

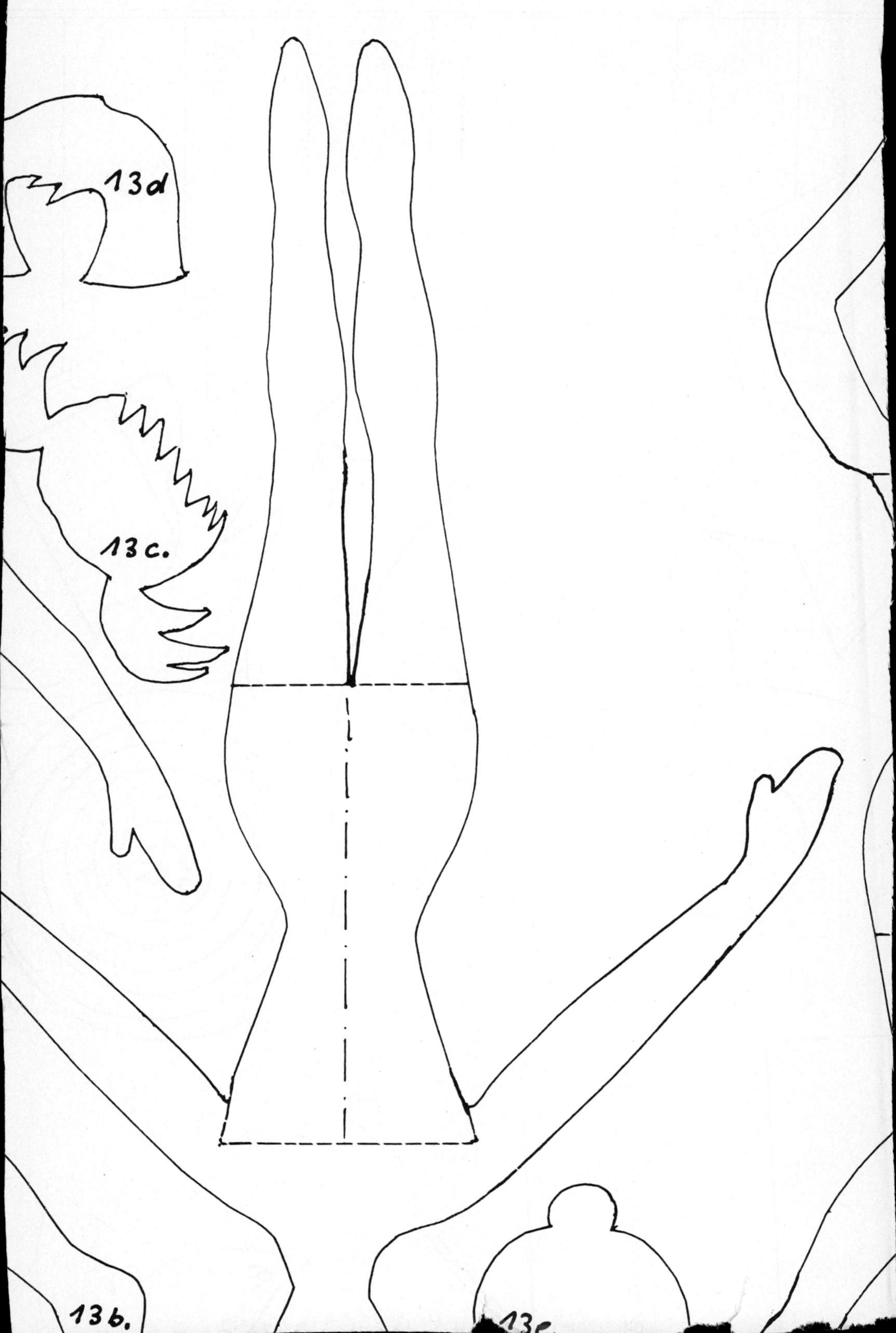
13d
13c.
13b.
13e

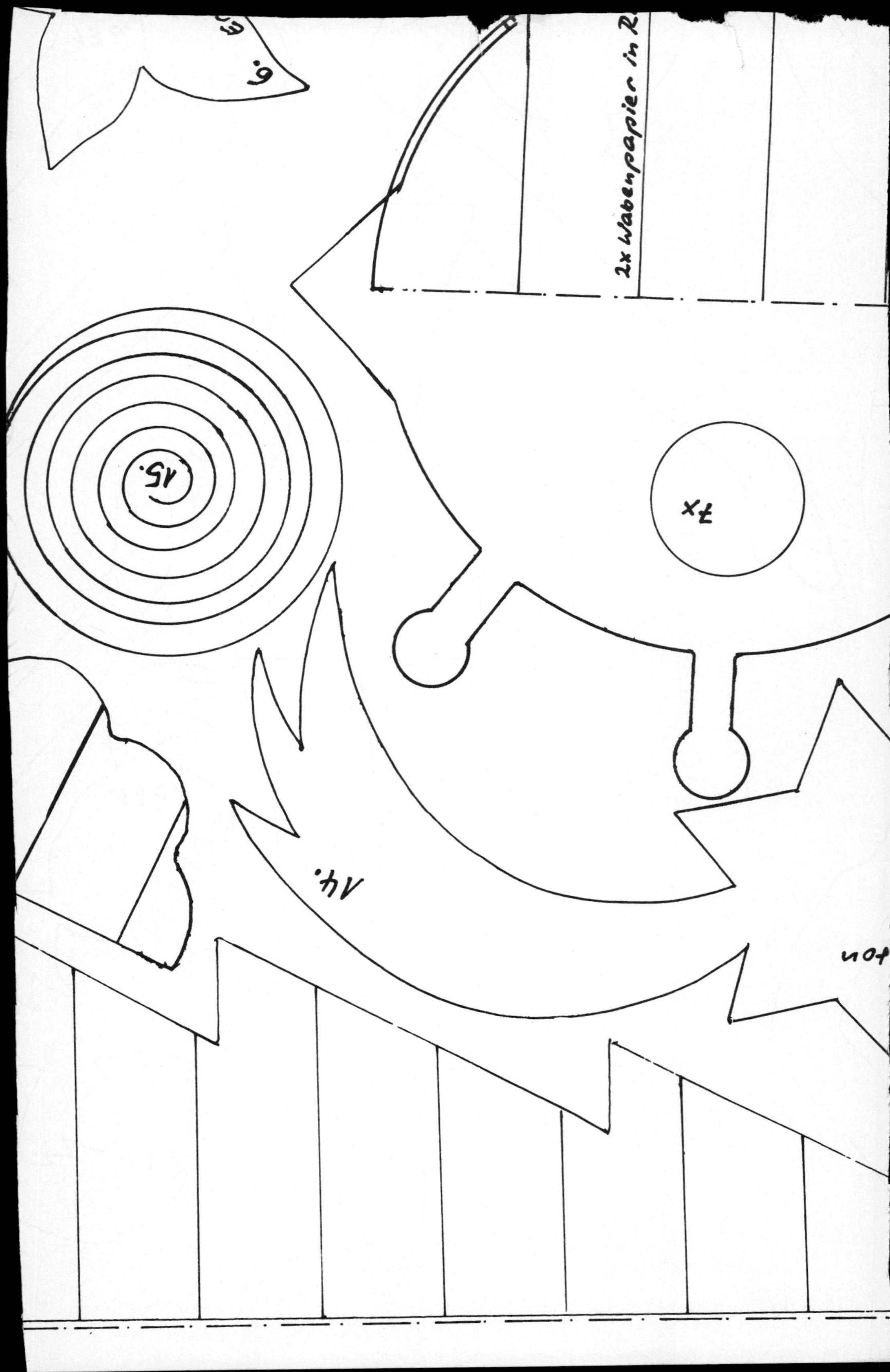
2x Wabenpapier in R
15.
14.
7x

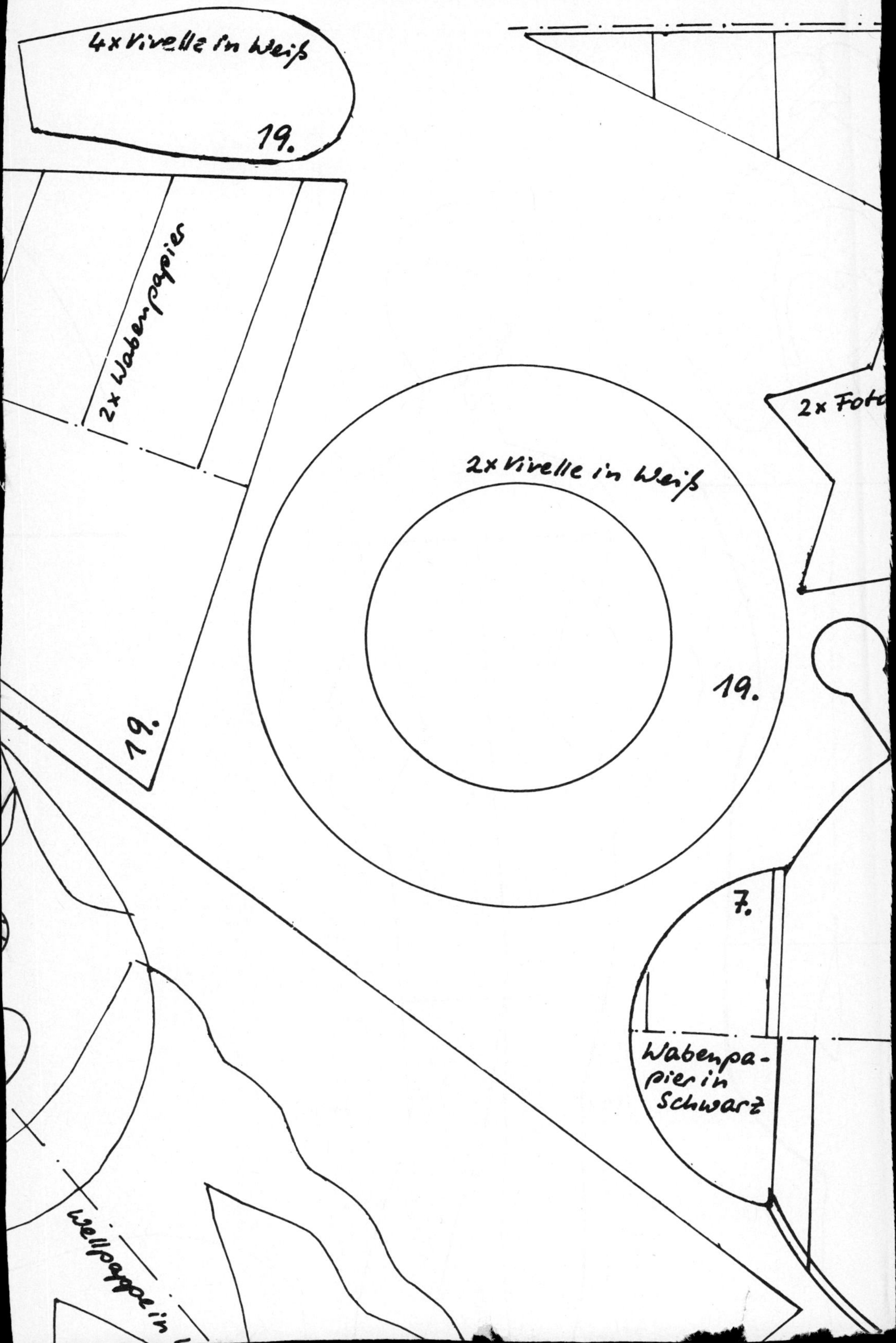
4x Vivelle in Weiß
19.
2x Wabenpapier
19.
2x Vivelle in Weiß
19.
2x Foto
7.
Wabenpapier in Schwarz
Wellpappe in

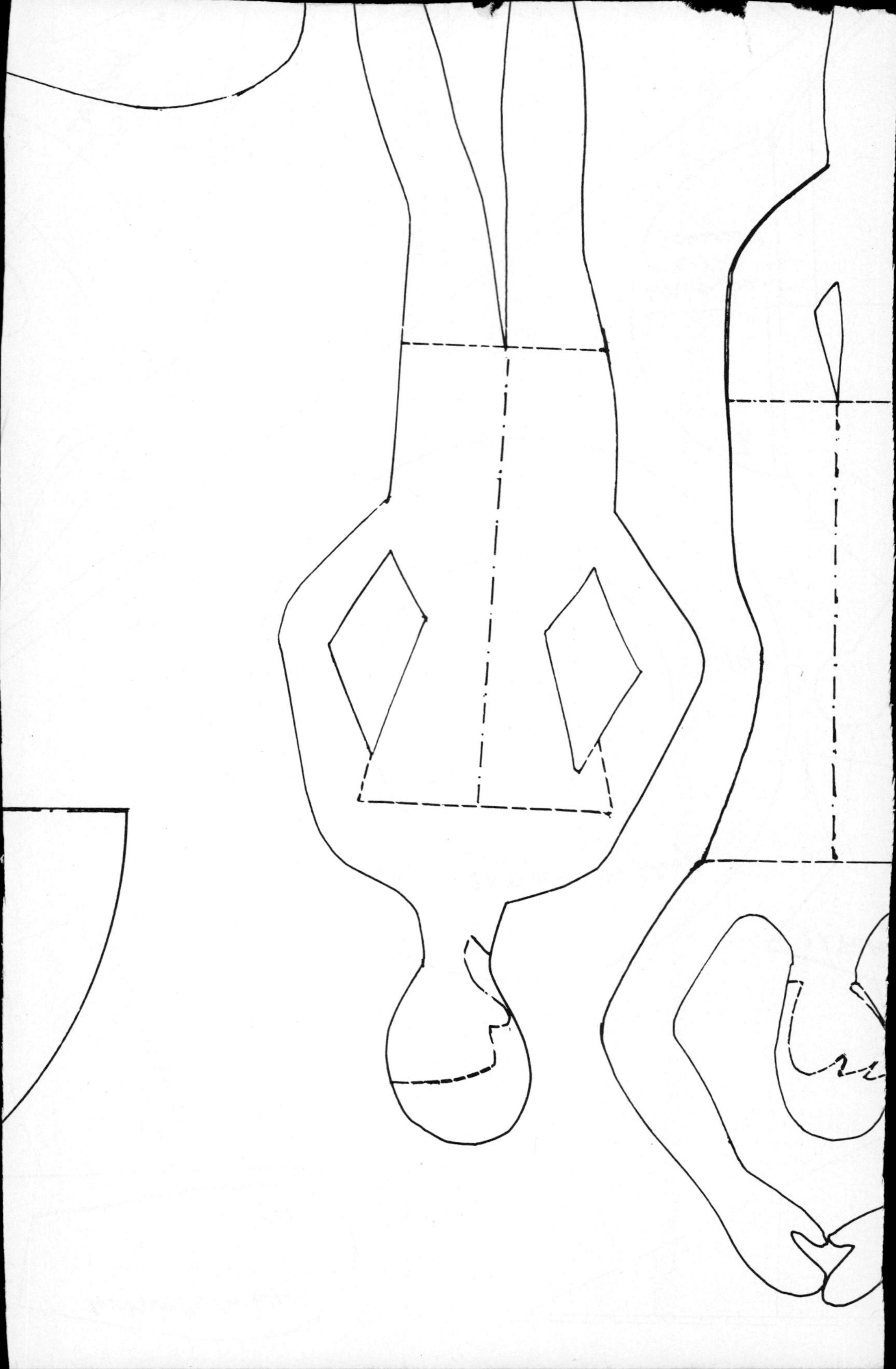

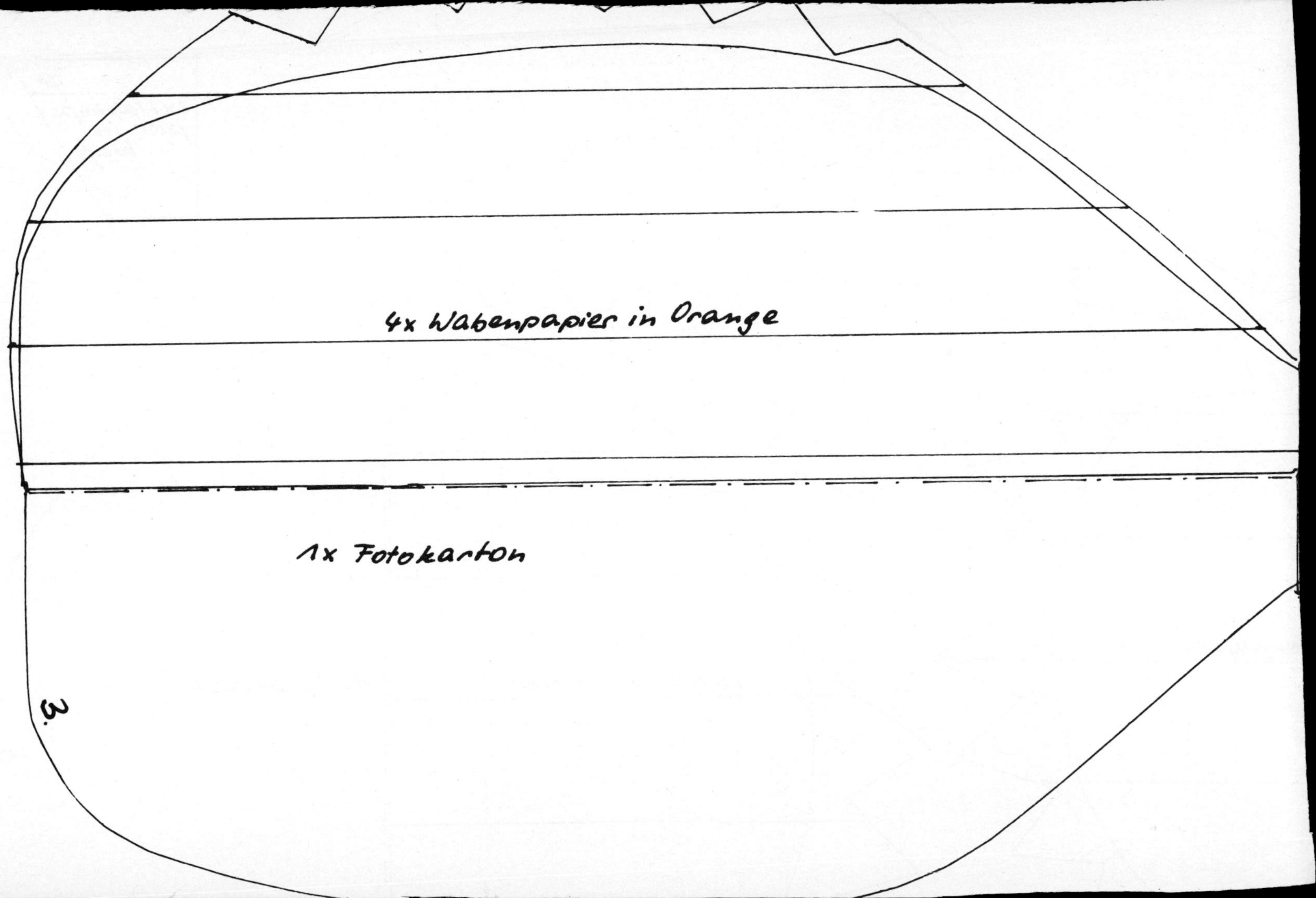
4x Wabenpapier in Orange
1x Fotokarton
3.

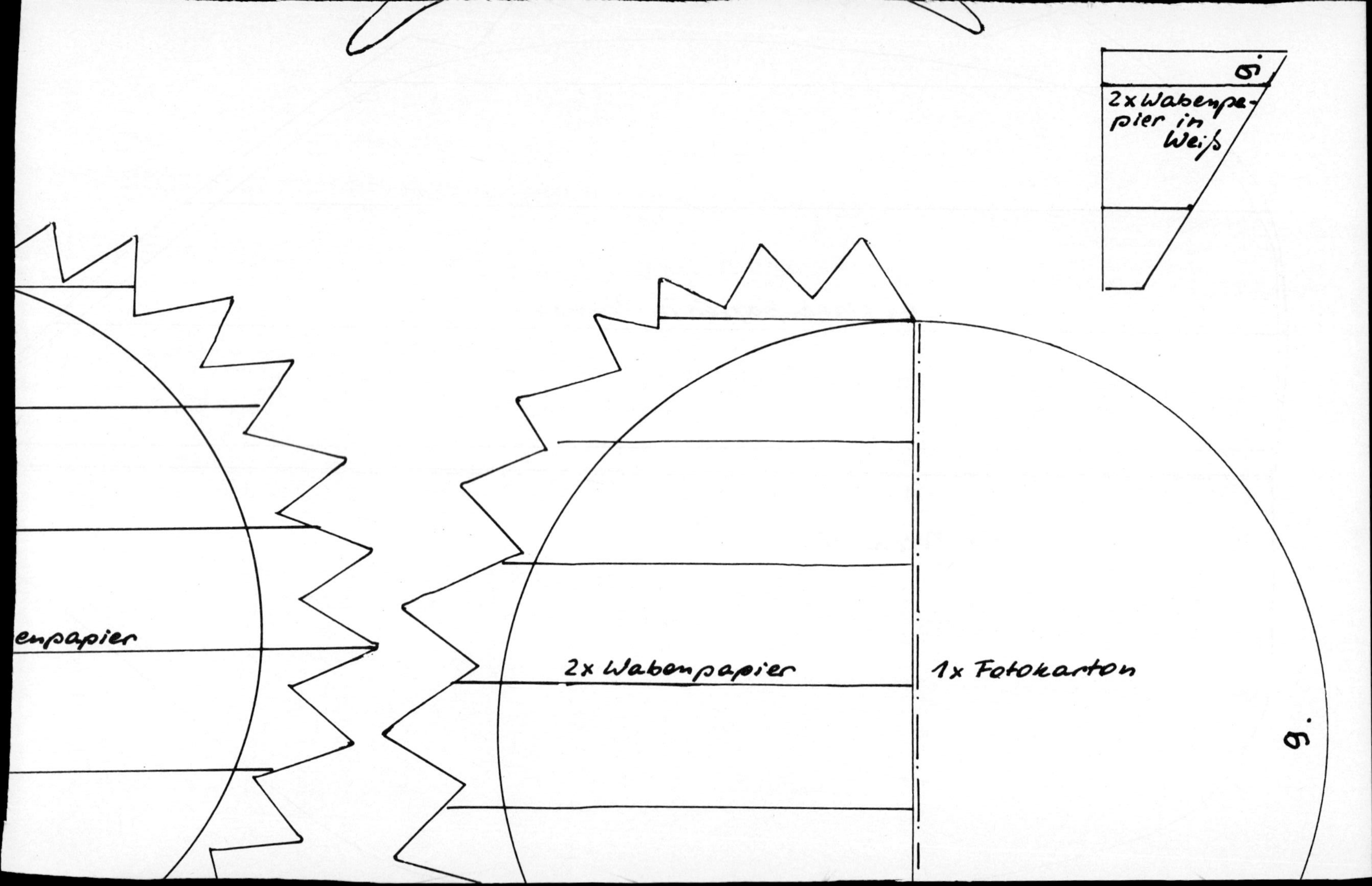

9.
2x Wabenpapier in Weiß
enpapier
2x Wabenpapier
1x Fotokarton
9.

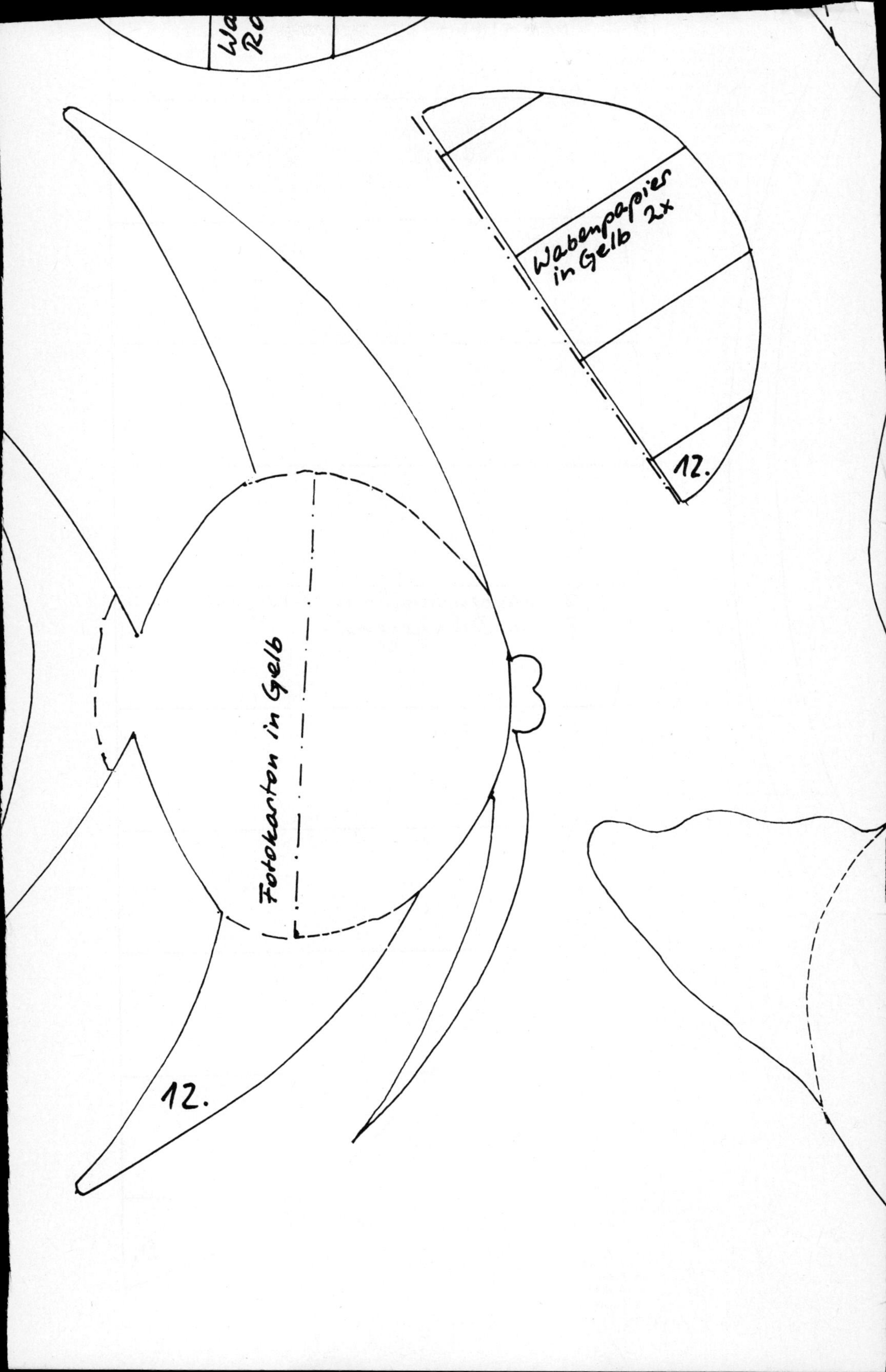
Wabenpapier in Gelb 2x
12.
Fotokarton in Gelb
12.

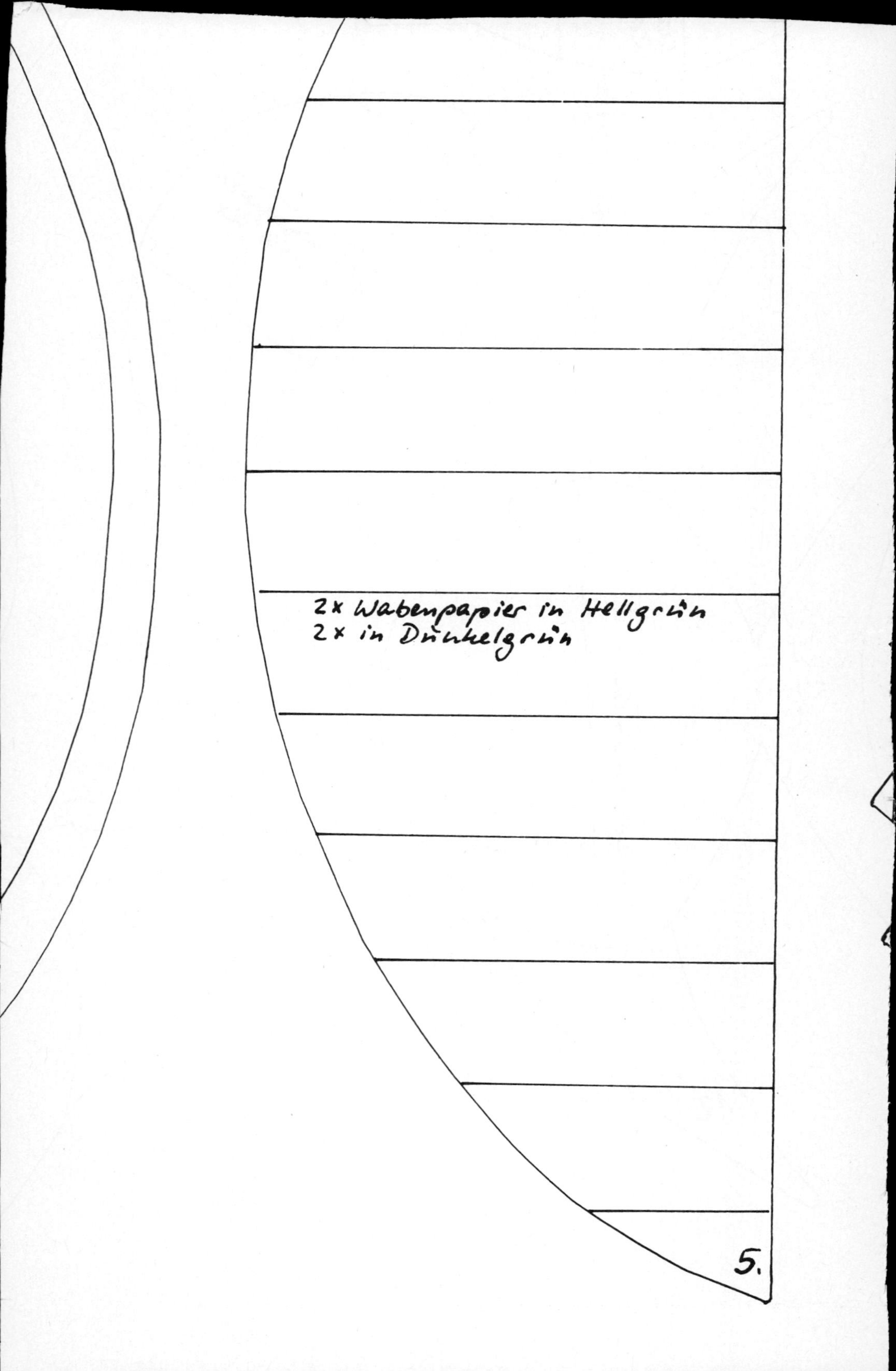
2x Wabenpapier in Hellgrün
2x in Dunkelgrün
5.

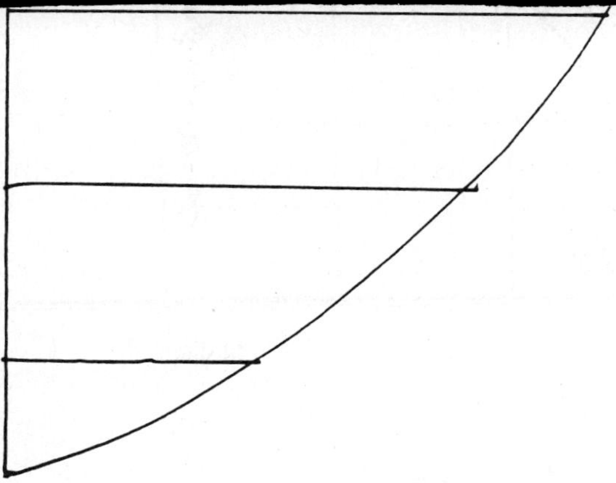

14.

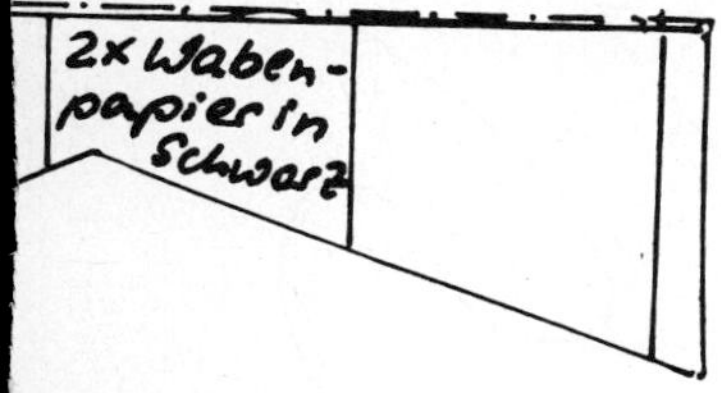
2x Waben-
papier in
Schwarz

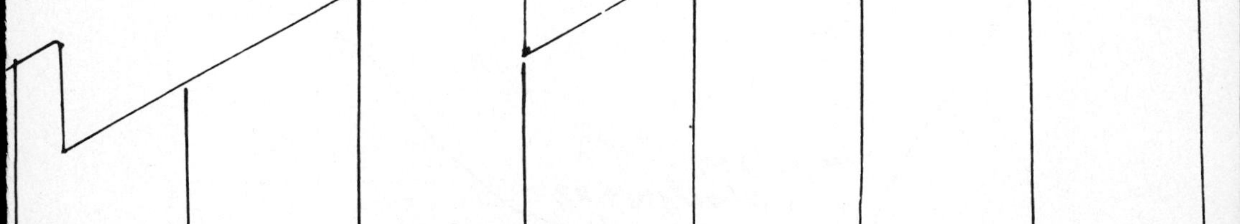

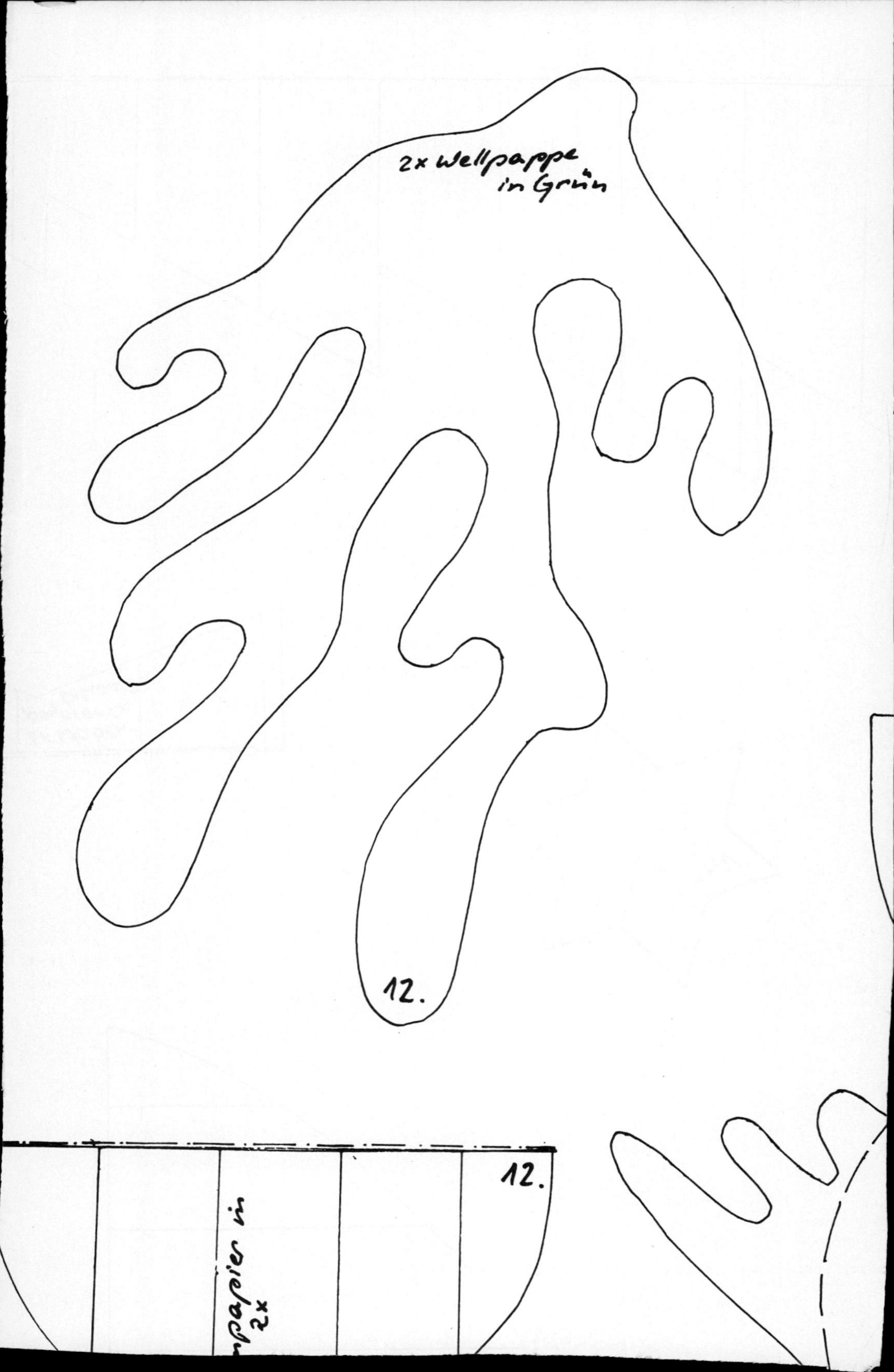
2x Wellpappe in Grün
12.
12.
papier in 2x

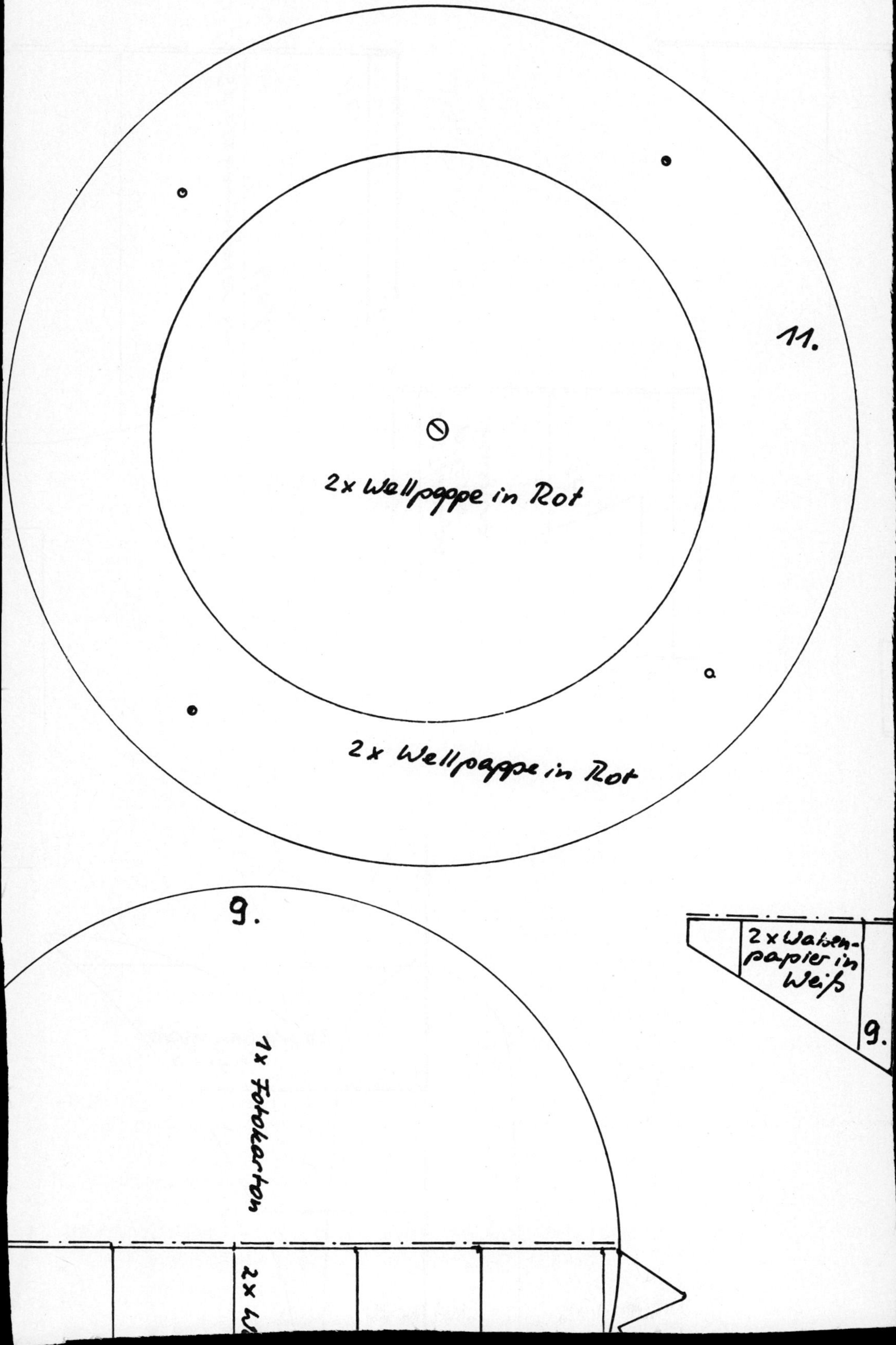
11.
2x Wellpappe in Rot
2x Wellpappe in Rot
9.
1x Fotokarton
2x Waben-papier in Weiß
9.

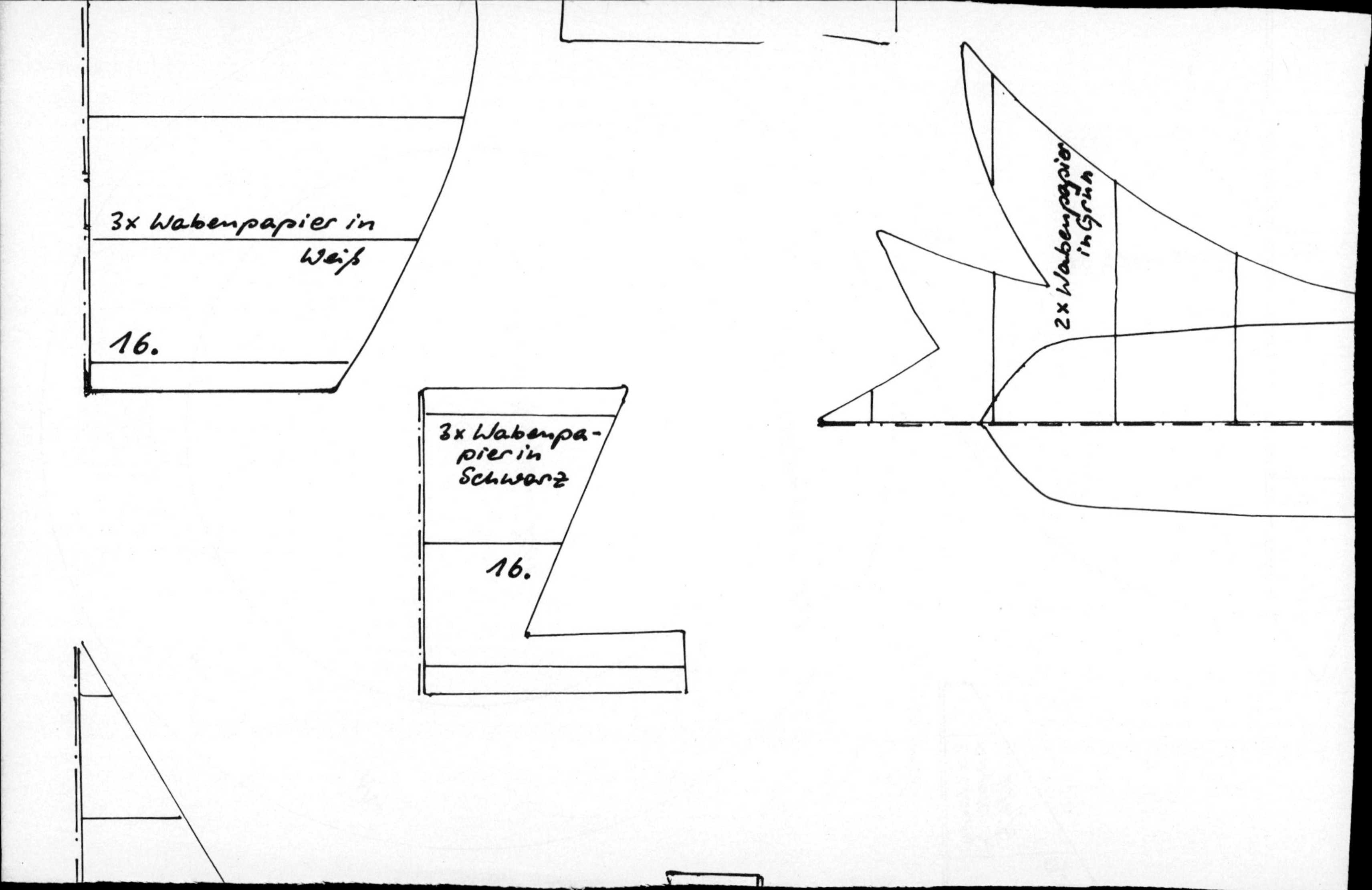
3x Wabenpapier in Weiß
16.
3x Wabenpapier in Schwarz
16.
2x Wabenpapier in Grün

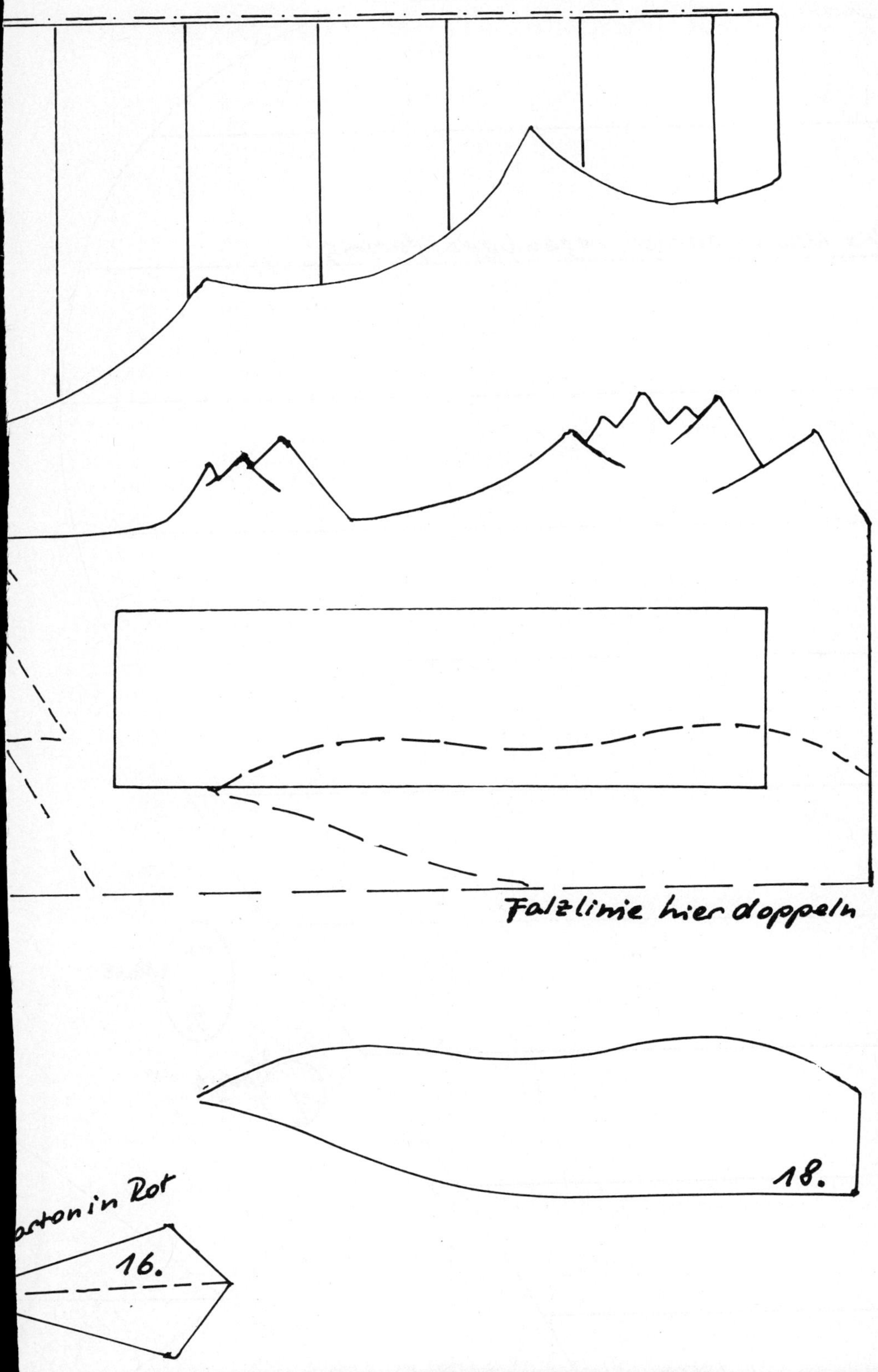
Falzlinie hier doppeln
18.
artonin Rot
16.

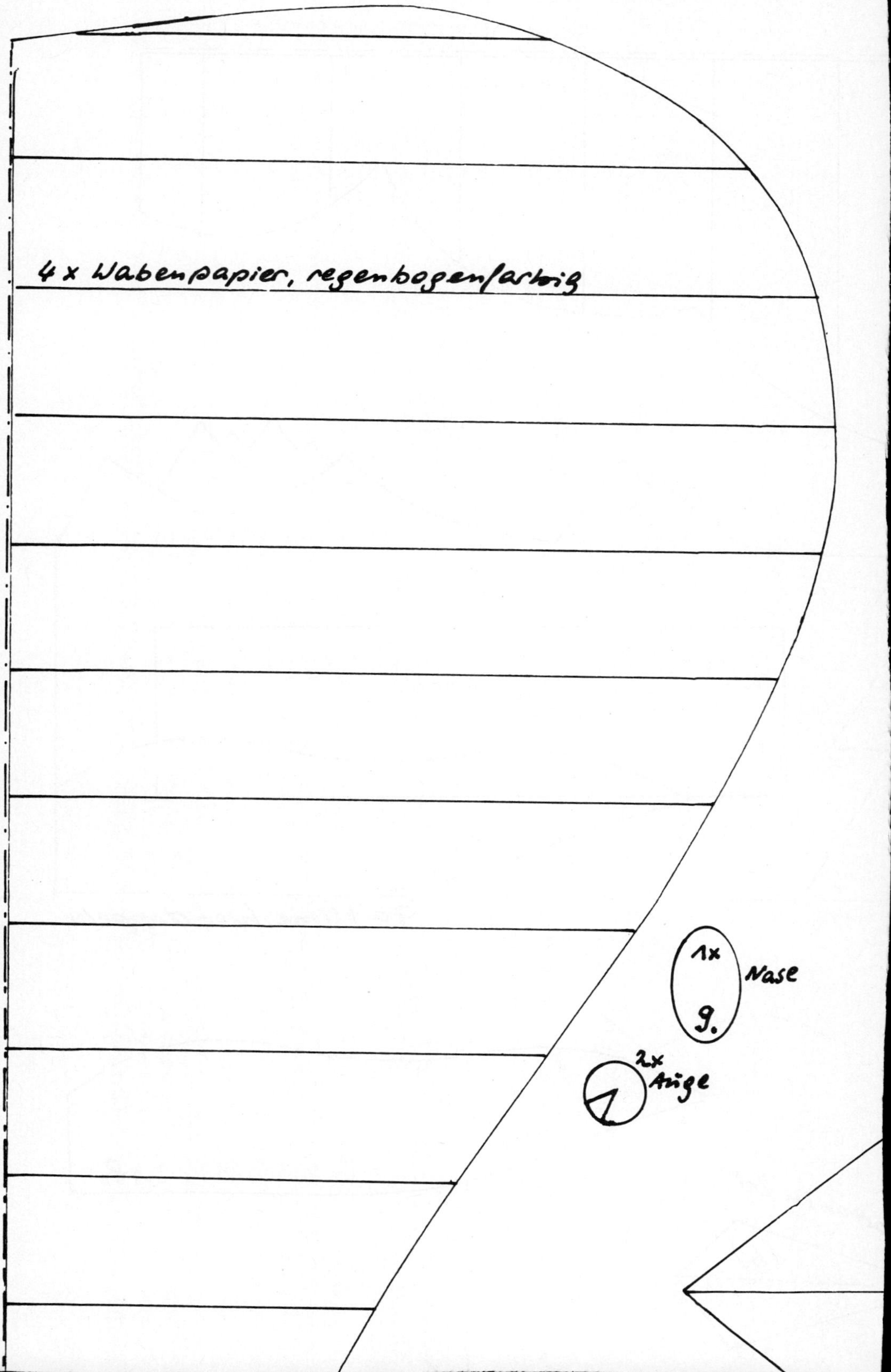
4 x Wabenpapier, regenbogenfarbig
1x Nase
9.
2x Auge

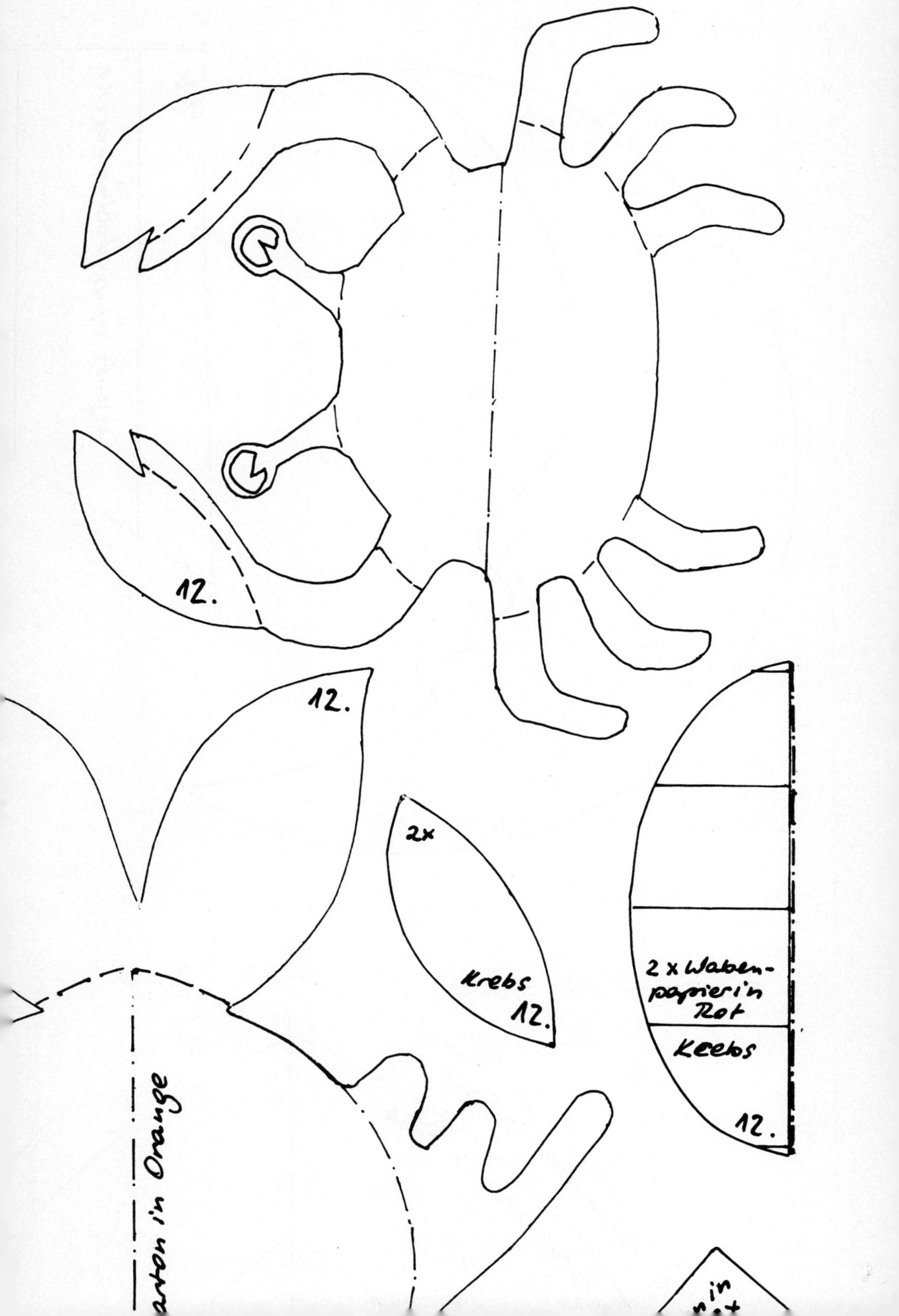
12.
12.
2x
Krebs
12.
2 x Waben-
papier in
Rot
Krebs
12.
arton in Orange

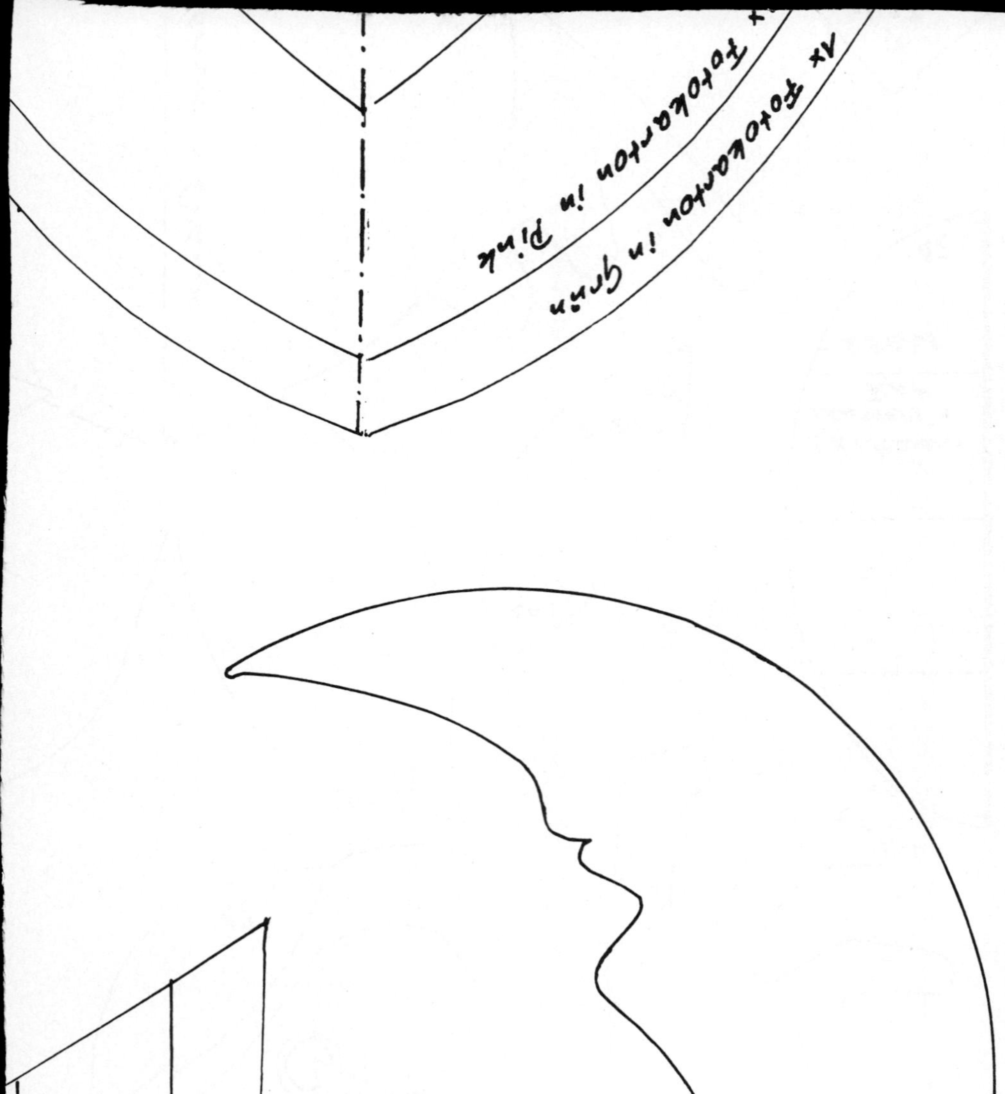
x Fotokarton in Pink
1x Fotokarton in Grün
14.
3x Wabenpapier in Grün
17.

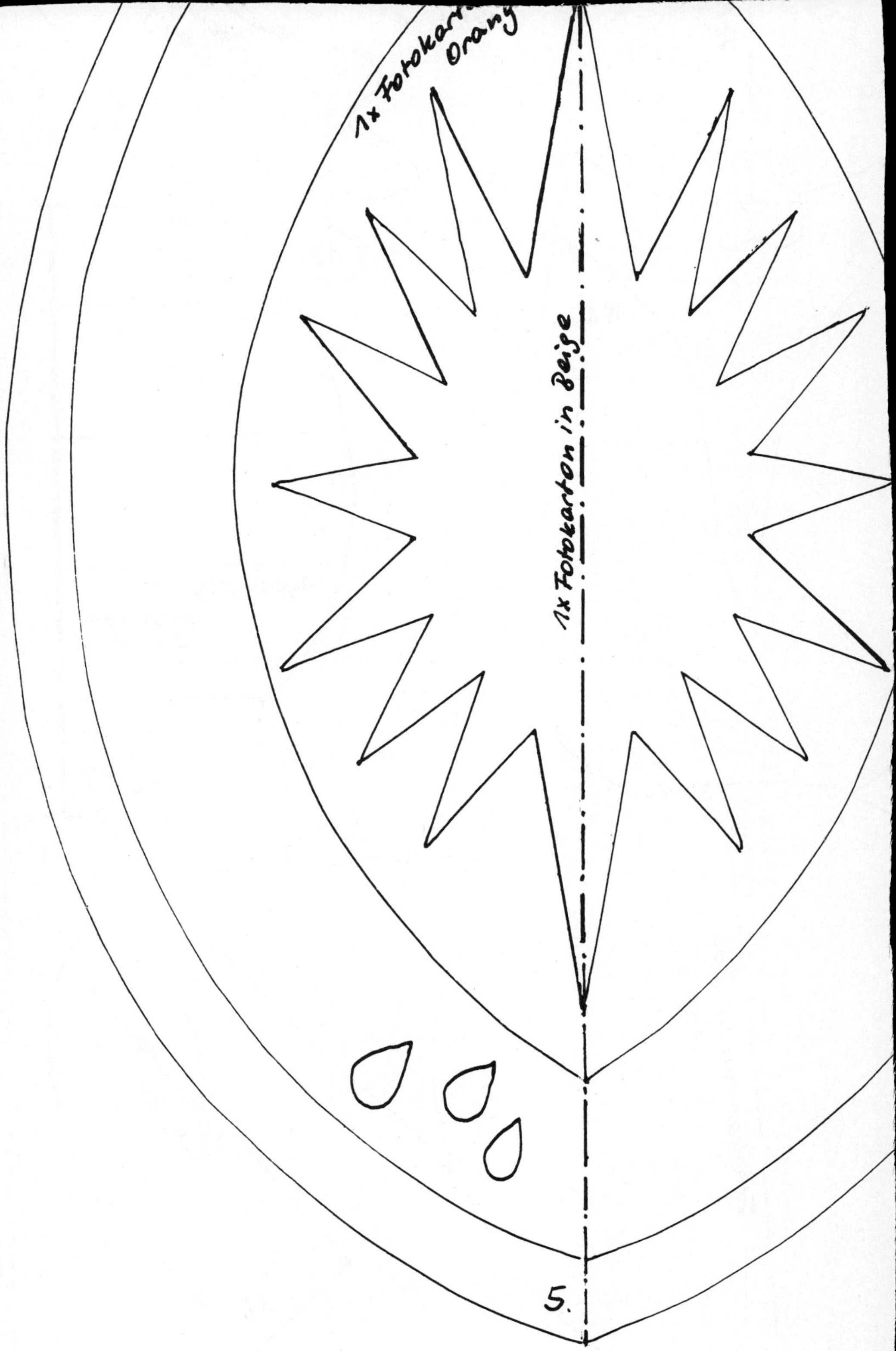
1x Fotokarton Orang
1x Fotokarton in Beige
5.

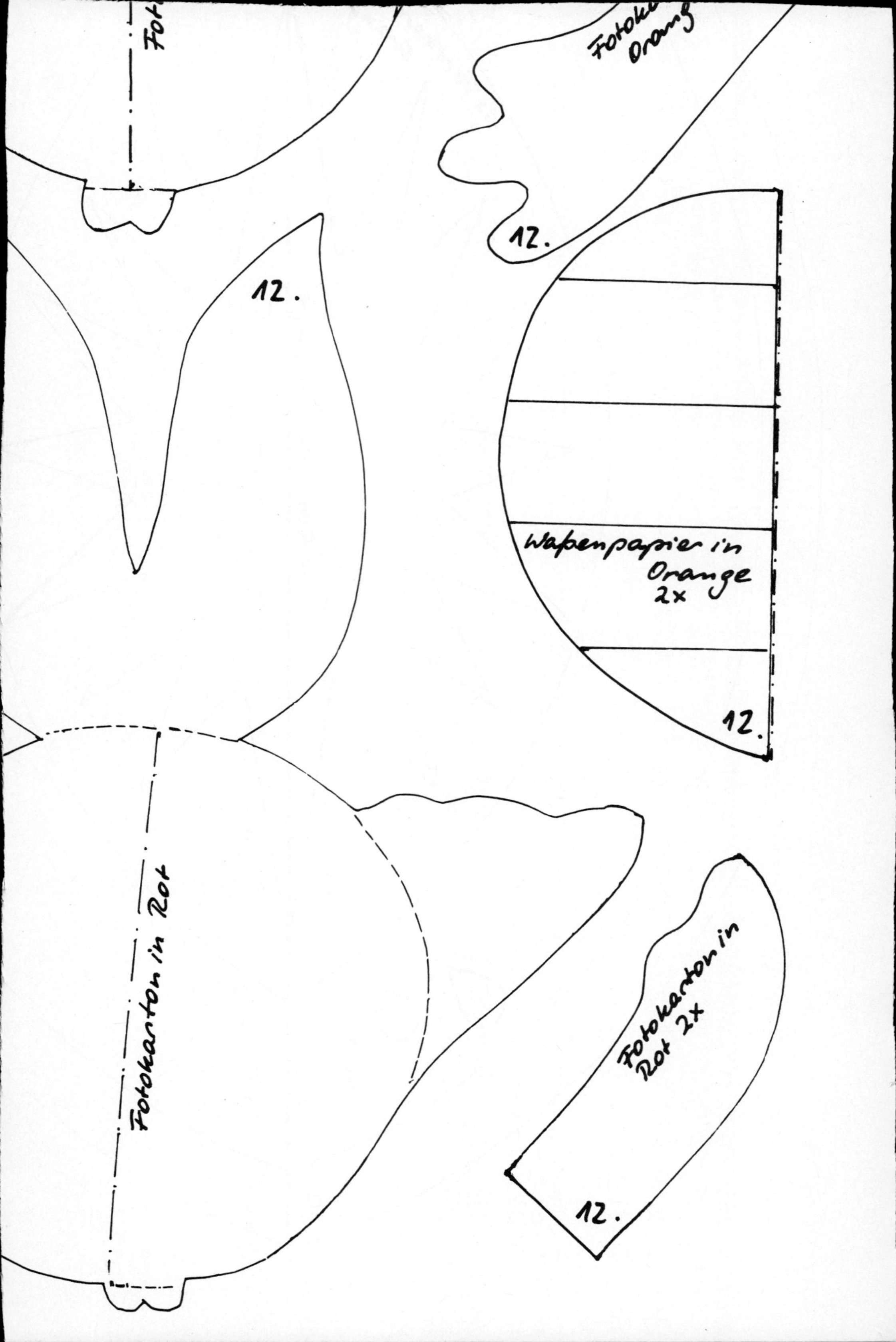
12.
12.
Wapenpapier in Orange 2x
12.
Fotokarton in Rot
Fotokarton in Rot 2x
12.

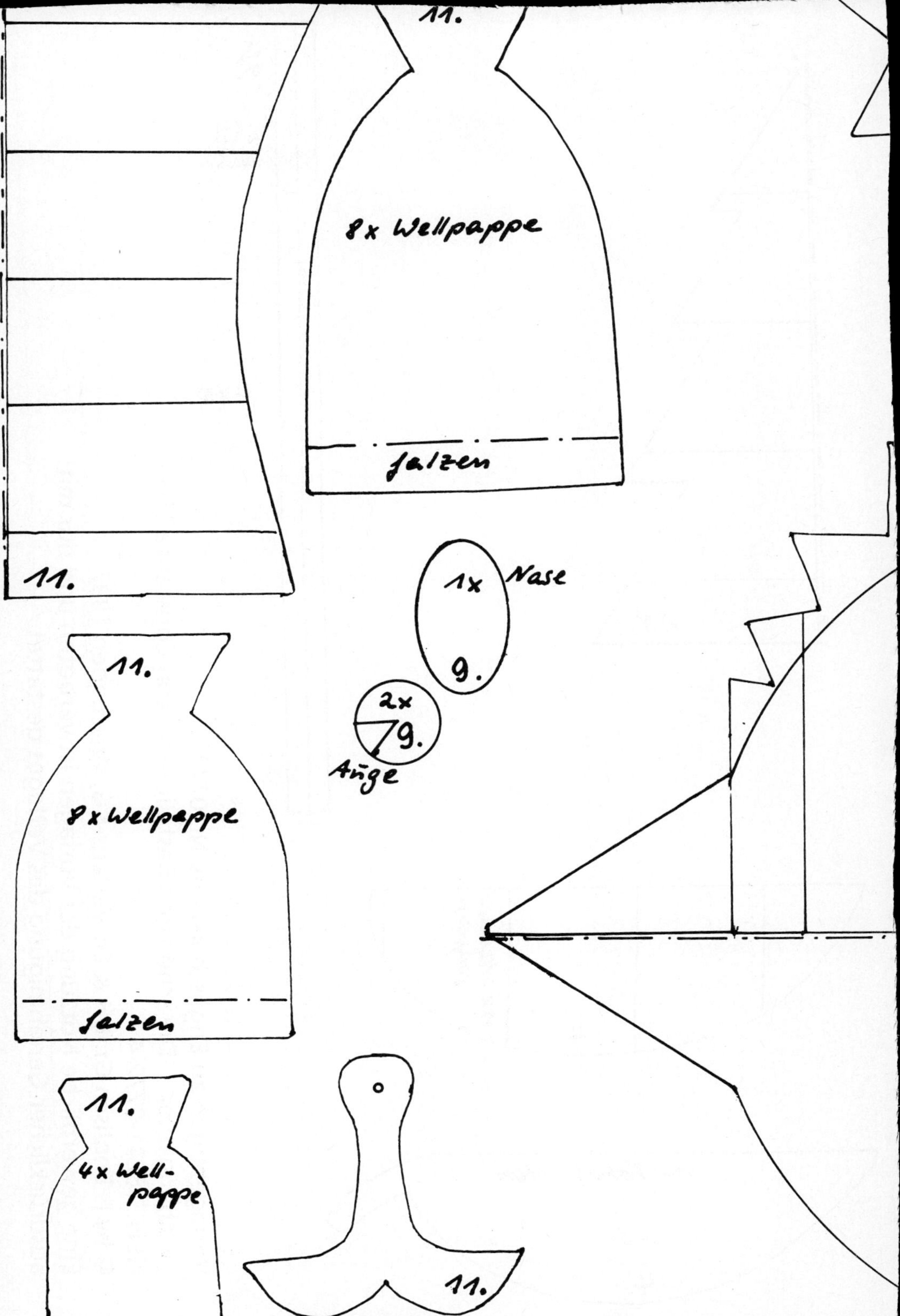
11.
8 x Wellpappe
falzen
11.
1x
Nase
9.
2x
9.
Auge
11.
8 x Wellpappe
falzen
11.
4 x Well-
pappe
11.
2 x Fotokarton

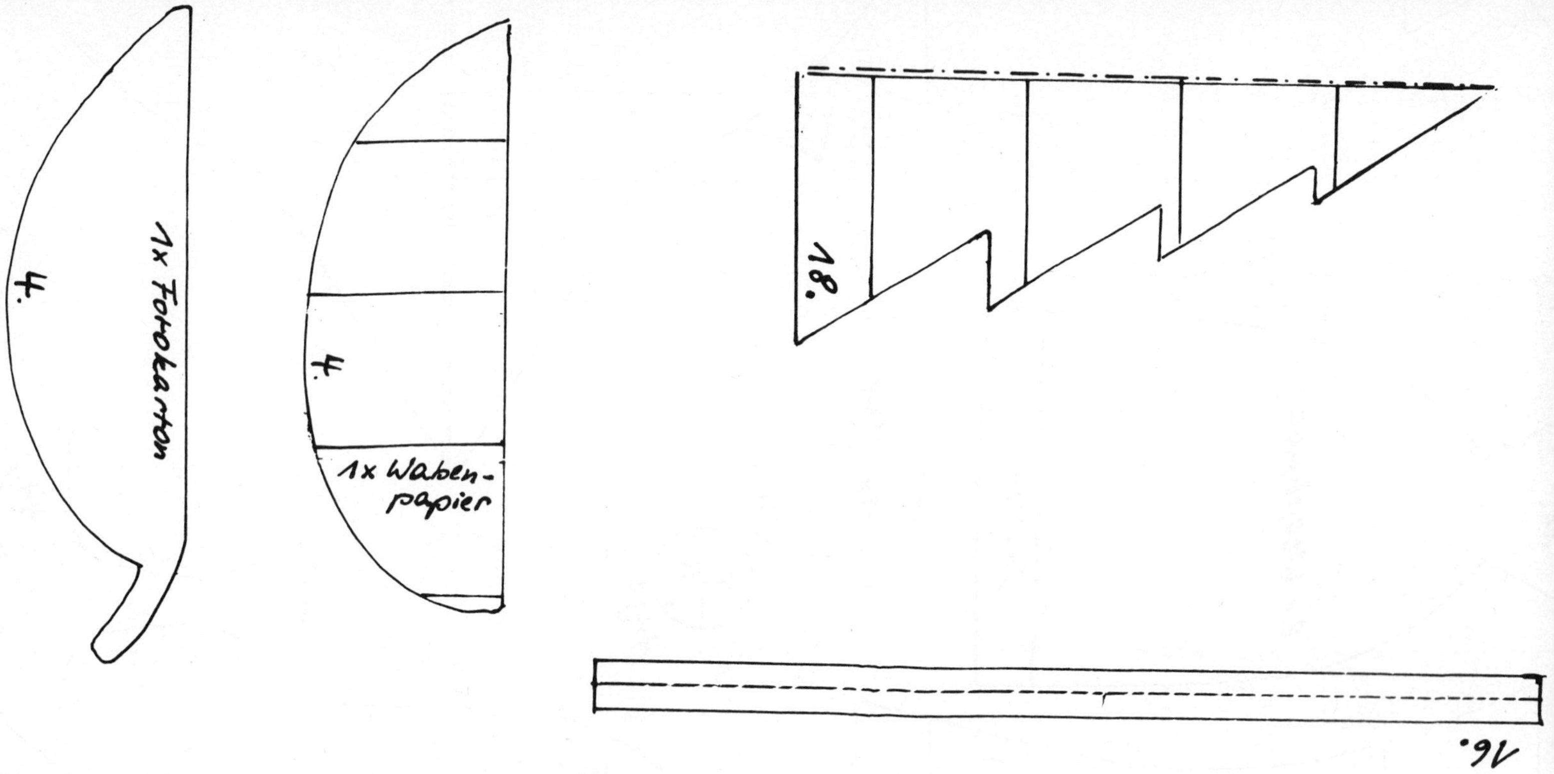

Vorlagebogen zu Englisch kreativ Nr. 0772
„Wabenpapier – Die schönsten Bastelideen" von Constanze Thiel
ISBN 3-8241-0772-4

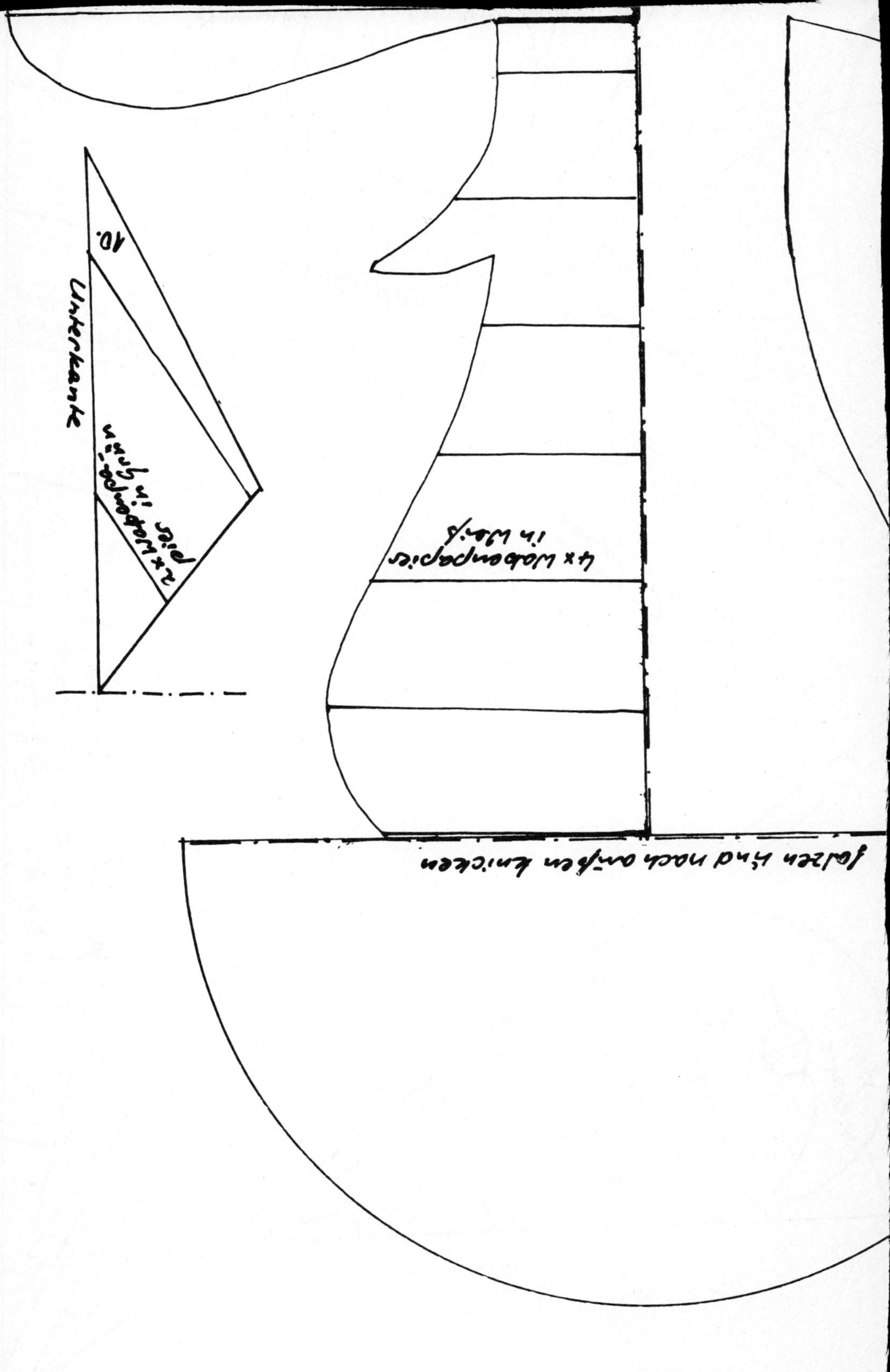
10.
Unterkante
2x Wabenpapier in grün
4x Wabenpapier in Weiß
falzen und nach außen knicken

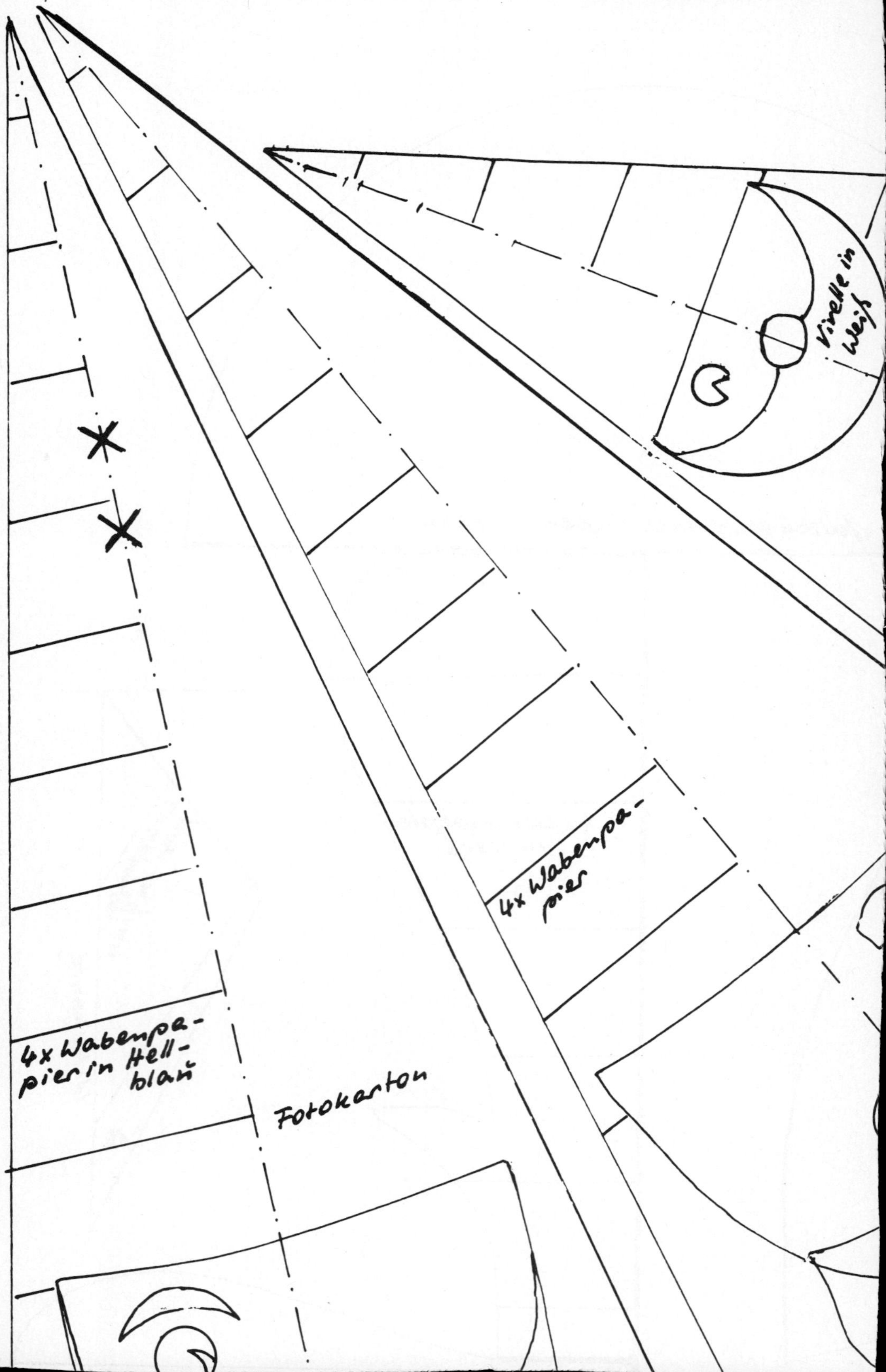
Virelle in Weiß
4x Wabenpapier
4x Wabenpapier in Hellblau
Fotokarton

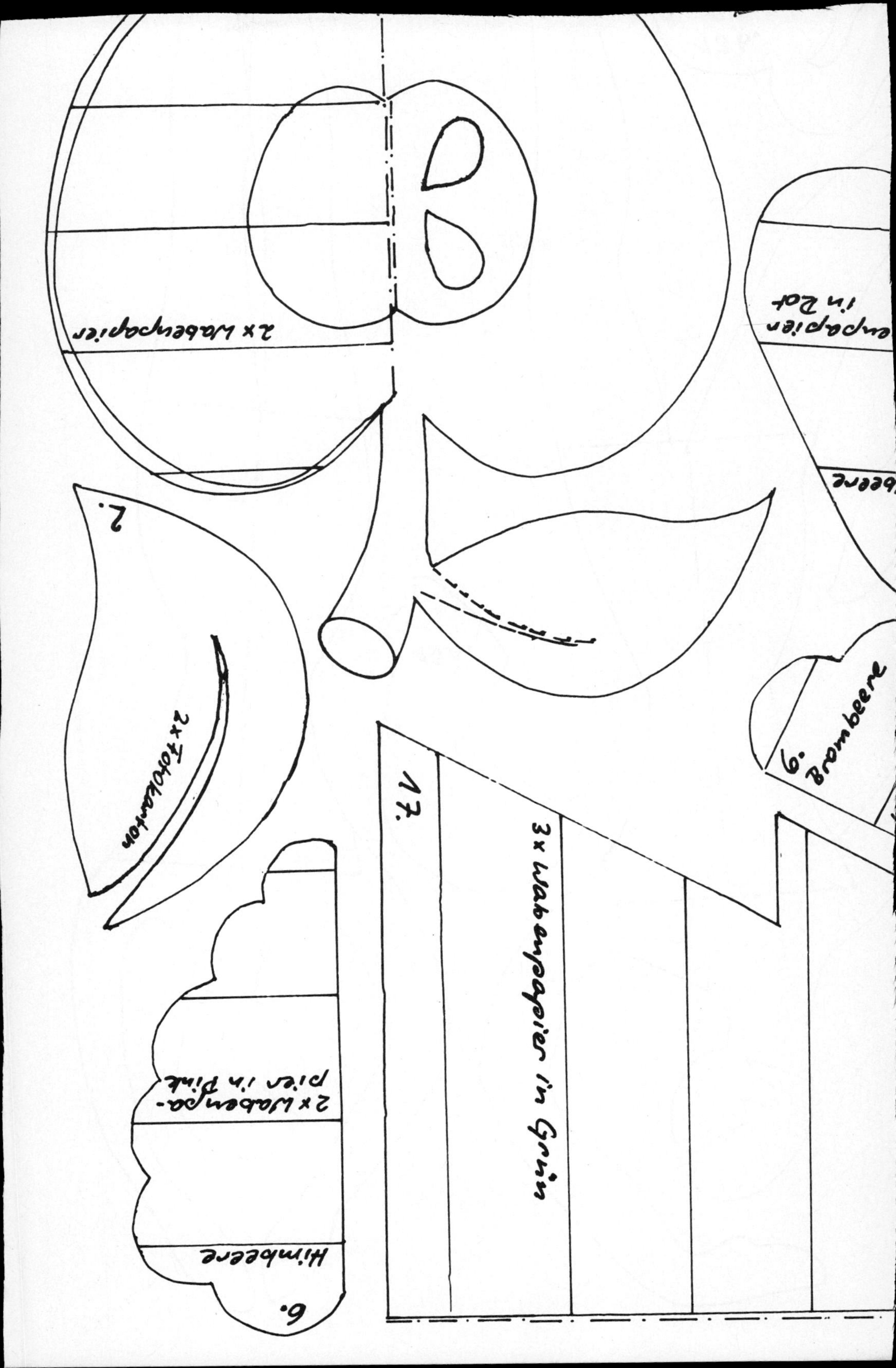
2x Wabenpapier
7.
2x Fotokarton
17.
3x Wabenpapier in Grün
6. Brombeere
6. Himbeere
2x Wabenpapier in Pink

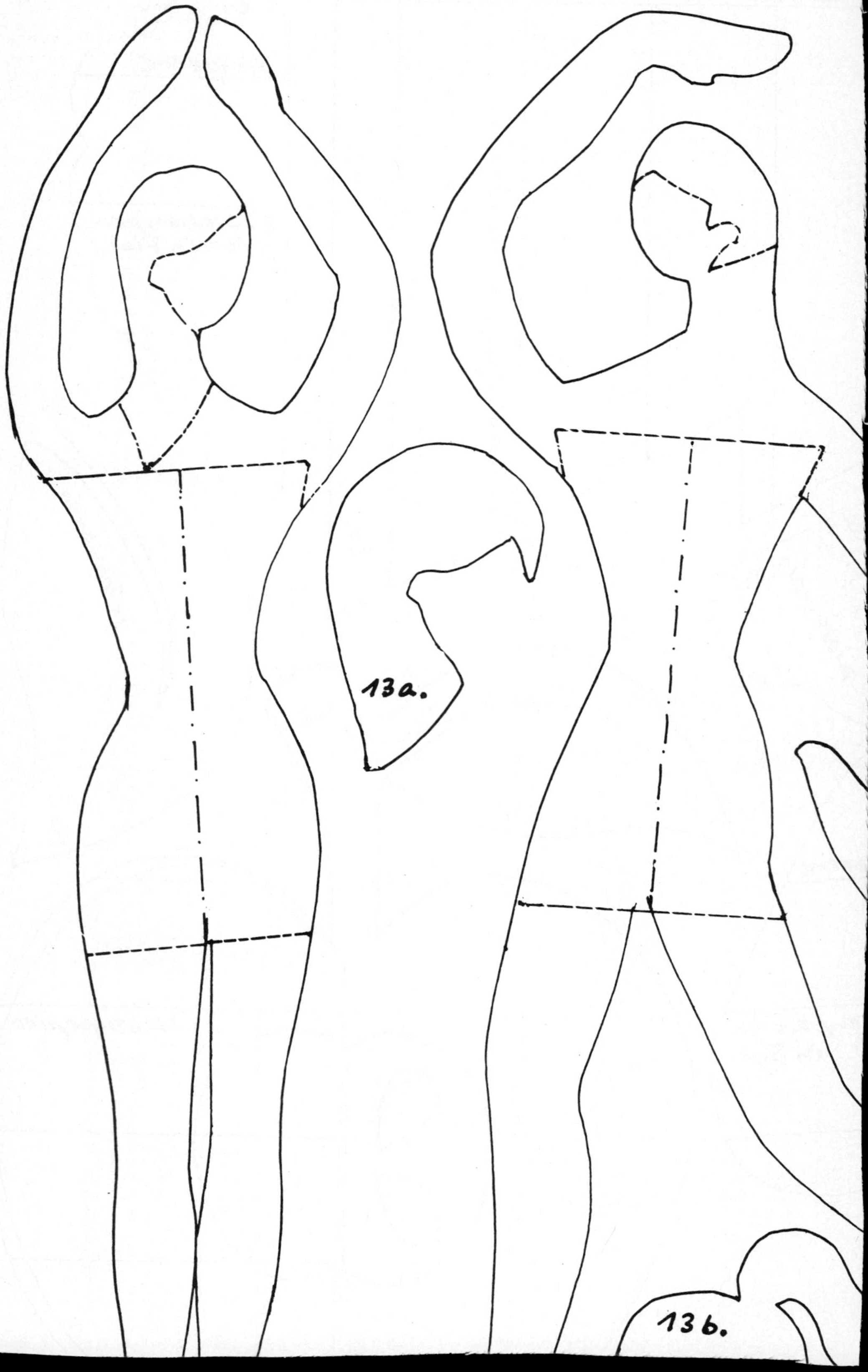
13a.
13b.

13a.

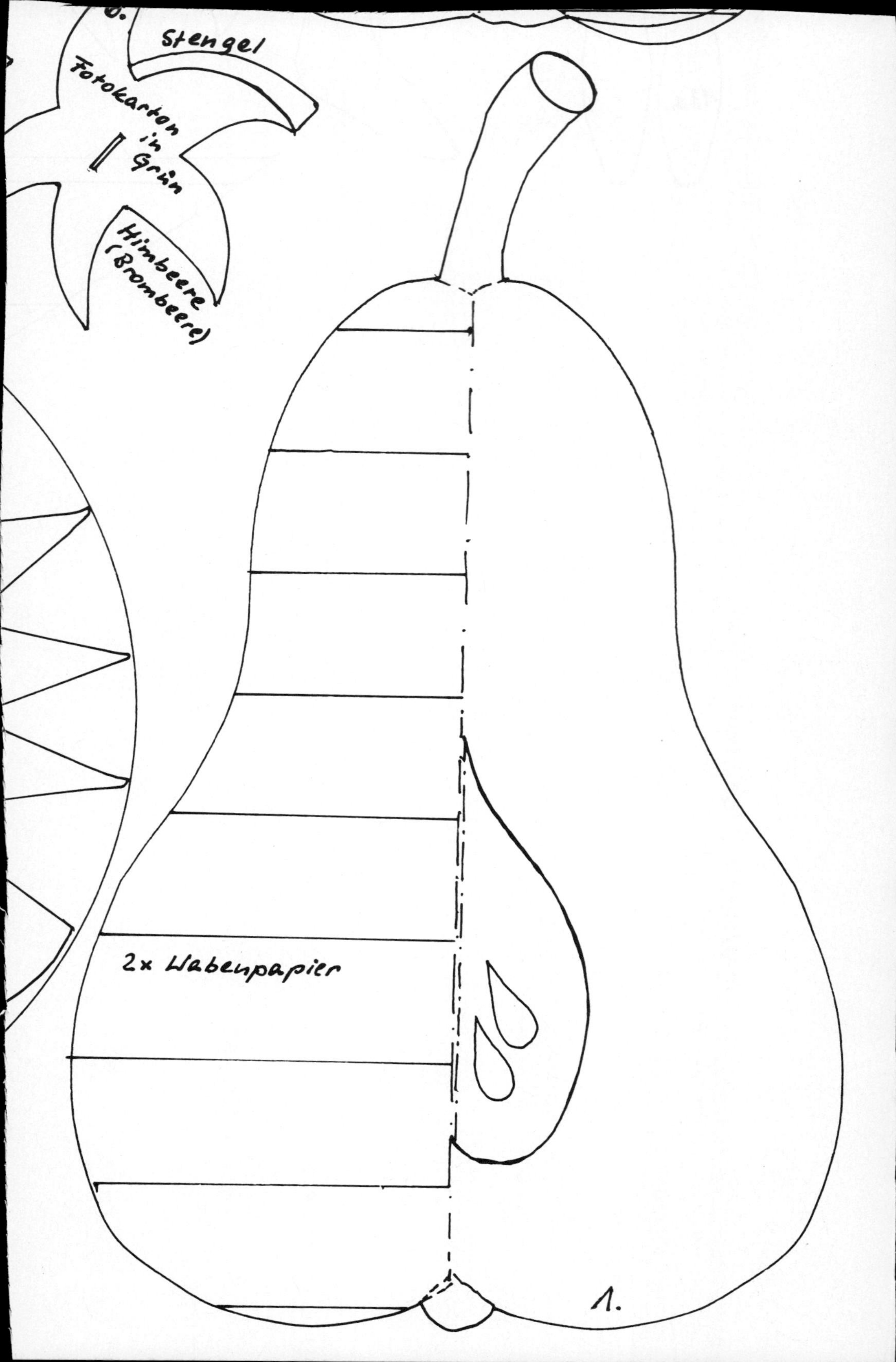
6.
Stengel
Fotokarton in Grün
Himbeere (Brombeere)
2x Wabenpapier
1.

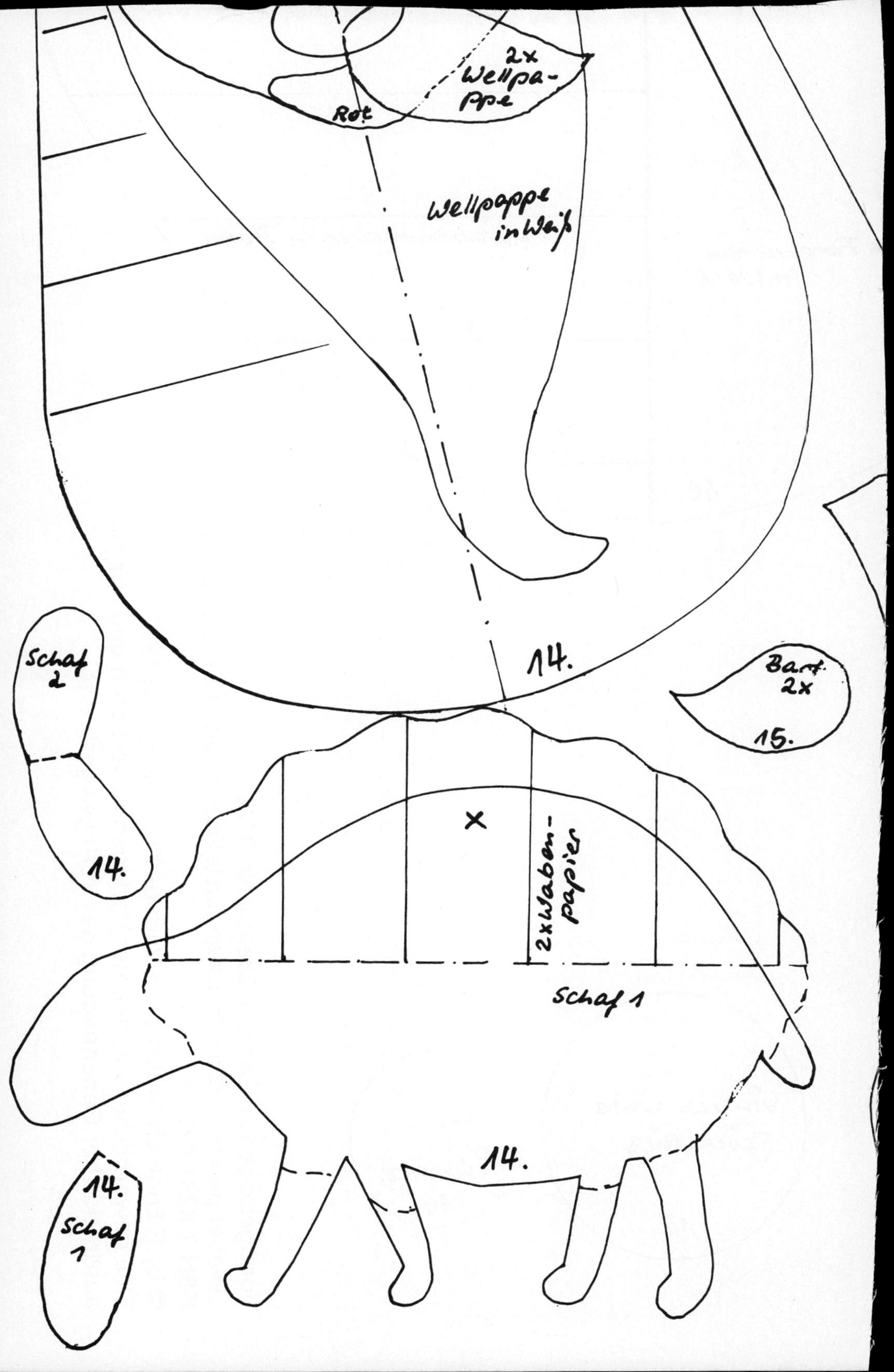
2x Wellpappe
Rot
Wellpappe in Weiß
14.
Schaf 2
14.
Bart 2x
15.
2x Wabenpapier
Schaf 1
14.
14.
Schaf 1

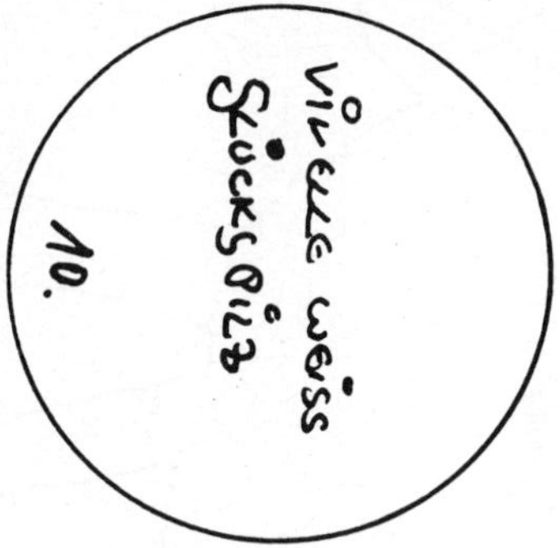

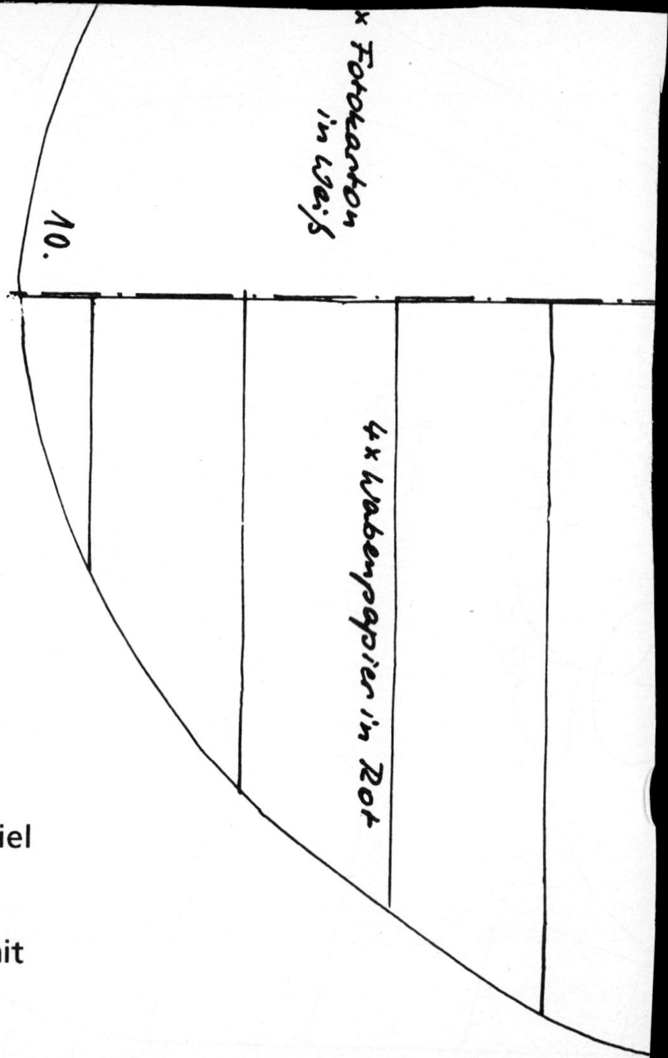

Vorlagebogen zu Englisch kreativ Nr. 0772
„Wabenpapier – Die schönsten Bastelideen" von Constanze Thiel
ISBN 3-8241-0772-4

8. Maikäfer

Sie benötigen:
- ***Fotokarton in Schwarz***
- ***Wabenpapier in Dunkelbraun und Schwarz***
- ***4 Schablonen***

Originalgröße: 22 cm Länge (incl. Fühler)

Schneiden Sie aus schwarzem Karton die Bodenplatte mit den Beinen und Fühlern aus. Die Fühler werden fächerförmig eingeschnitten und dann leicht über den Zeigefinger rundgebogen, damit sie plastischer aussehen. Schneiden Sie dann aus braunem Wabenpapier zwei Körperteile aus sowie ein weiteres aus schwarzem Wabenpapier. Teilen Sie die schwarze Lage (s. Grundanleitung S. 8) bei 6-7 Lagen. Verkleben Sie dann in der Nahtlostechnik die drei Wabenpapiere braun – schwarz – braun zu einem Päckchen. Achten Sie auf eine gleichmäßige gemeinsame Außenkante der drei Lagen und kleben Sie das Päckchen auf einer Seite des Körpers fest. Dehnen Sie dann das gesamte Teil vor, bestreichen Sie die Rotationsachse mit Klebstoff und schließen Sie die Figur. Zum Schluss kleben Sie dann noch das Kopfteil auf und fügen die Fühler in die zweiten offenen Rhomben von unten ein – jetzt kann der Mai kommen.

9. Igelfamilie beim Herbstausflug

Sie benötigen:
- ***Fotokarton in Schwarz, Reste in Weiß***
- ***Wabenpapier in Weiß und Braun***
- ***Seidenpapier in Rot, Gelb, Orange und Schwarz***
- ***9 Schablonen***

Originalgröße: 16 x 18 cm

Schneiden Sie aus schwarzem Karton die Igelkörper aus und markieren Sie die Klebeachsen für den braunen und weißen Teil der Wabenpapiere. Fertigen Sie dann je 2 x aus braunem Wabenpapier den Stachelpelz und aus weißem Wabenpapier das Igelgesicht. Kleben Sie das Wabenpapier in der Nahtlostechnik zusammen, gleichen Sie die Stachelkanten ab und montieren Sie den Körper gemäß Anleitung auf der Basisplatte. Kleben Sie danach die weißen Gesichter auf. Schneiden Sie aus schwarzem Karton Augen und Nase zu. Setzen Sie dann die Nase an und befestigen Sie die Augen. Den kleinen Igel stellen Sie sinngemäß her. Für das Herbstlaub aus Seidenpapier werden die Blätter nach Schablone oder freihändig ausgeschnitten. Am besten eignen sich Faltblätter aus Seidenpapier, die erst diagonal in der Mitte geknickt werden. Danach die halbe Kontur ausschneiden. Das Blatt nochmals mehrfach schräg zur Mittelachse falten und dann aufklappen.

10. Fliegenpilz Glückspilz

Sie benötigen:
- ***Fotokarton in Weiß***
- ***Wabenpapier in Rot und Weiß***
- ***Vivelle in Weiß***
- ***6 Schablonen***

Originalgröße: 22 cm Höhe

Schneiden Sie 2 x aus Fotokarton die gesamte Pilzschablone aus. Falzen Sie jeweils den unteren Halbkreis, knicken Sie ihn ab und kleben Sie den Pilz zusammen, sodass Sie eine senkrecht stehende Rippe mit rundem Fuß erhalten.

Fertigen Sie laut Schablonen 4 x den roten Pilzhut und den weißen Stiel an. Kleben Sie die Teile gemäß Grundanleitung fest, beginnen Sie dabei mit dem Stiel und setzen Sie danach den roten Hut auf.

11. Fesselballon

Sie benötigen:

- ***Wabenpapier, regenbogenfarbig***
- ***Wellpappe in Rot, Natur oder Braun***
- ***1 Wellpappengeschenkkörbchen in Rot***
- ***1 Holzperle***
- ***schwarze Wolle oder Bindfaden***
- ***1 Stopfnadel, Tesafilm***
- ***1 Schneidezirkel***
- ***7 Schablonen***

Originalgröße: Gesamthöhe ca. 50 cm
Ballonhöhe 31 cm

Schneiden Sie aus Wabenpapier 4 x den Ballonkörper zu. Verkleben Sie ihn in der „Nahtlostechnik", d. h. vorerst ohne die senkrechte Mittelachse zu verkleben. Schneiden Sie aus roter Wellpappe 2 Kreise und 2 Ringe mit dem Schneidezirkel zu (Beginnen Sie mit dem größten Radius). Nehmen Sie nun einen langen Faden und fädeln Sie die Holzperle mittig auf die Schnur. Ziehen Sie dann beide Schnurenden gemeinsam durch das Mittelloch eines Wellpappenkreises und führen Sie diese dann von unten durch den Wabenpapierballon. Stellen Sie den Ballon auf den Kopf, um den Boden mit dem Wabenpapier zu verkleben.

Während diese Verklebung trocknet, können Sie schon das Wellpappekörbchen ausstanzen und zusammensetzen. Schneiden Sie aus naturfarbener Wellpappe je 8 Ballastsäckchen pro Schablone. Falzen Sie diese auf der gewellten Seite gemäß der Markierung mit dem Cutter ein und knicken Sie die Enden nach hinten. Verbinden Sie dann je 2 Säckchen mit einem Streifen Tesafilm auf der Rückseite und binden Sie die Säckchen oben mit einem Stück Schnur zu. Verteilen Sie die Ballastsäckchen am Korb gemäß der Abbildung.

Schneiden Sie den Anker doppelt zu und befestigen Sie ihn am Korb. Für die Aufhängung des Korbes wird einer der beiden Kartonringe an den vorgegebenen Stellen durchbohrt. Stechen Sie die Löcher am Korb in den Ecken vor, wo die Wellpappe doppelt liegt. Ziehen Sie einen langen Faden vom Ring zur Korbecke, im Korb entlang, an der nächsten Ecke wieder nach außen, hoch zum Ring, oberhalb des Rings zum nächsten Loch, wieder hinunter zum Korb, von außen in den Korb, an der Ecke nach außen und wieder hoch zum Ring. Verknoten Sie die Fadenenden oberhalb des Rings. Da der Korb nun an einem durchgehenden Faden hängt, kann er sehr leicht in die Waage gebracht werden. Wenn der Korb zum Ring hin richtig hängt, wird von oben der zweite Kartonring zur Abdeckung aufgeklebt. Damit er sich nicht verzieht, den oberen Ring im Wellenverlauf um 90 Grad gedreht aufkleben.

Zurück zum Ballon, jetzt die zweite Wellpappenscheibe mit dem Relief nach außen auf die Schnur ziehen, die Achse und die Schnur im Balloninneren mit Klebstoff versehen und den Ballon schließen. Die obere Wellpappenscheibe mit reichlich Klebstoff bestreichen und auf dem Ballon mit leichtem Druck fixieren. Sobald diese Verklebung trocken ist, den Körper nochmals auf den Kopf stellen. Den Ring mit dem Korb daran von unten über das Ballonende ziehen, waagerecht ausrichten (von allen Seiten mit dem Geodreieck die Höhen ausmessen) und den Ring mit reichlich Klebstoff am Wabenpapier festkleben.

Wenn alles trocken ist, kann die Fahrt losgehen – als „Passagiere" eignen sich Playmobil- oder Puppenhausfiguren, besonders originell ist ein ausgeschnittenes Familienfoto passender Größe.

12. Mobile Unterwasserwelt

Sie benötigen:
- ***Fotokarton in Rot, Orange und Gelb, einen Rest in Schwarz***
- ***Wabenpapier in Rot, Orange und Gelb***
- ***Wellpappe W-Welle in Grün***
- ***für die Aufhängung Nylonfaden, Mobilestangen oder einen Zweig Korkenzieherhasel***
- ***13 Schablonen***

Originalgröße Fische: ca 16 x 16 cm

Schneiden Sie gemäß Schablonen die Fische und den Krebs aus Fotokarton zu. Die Wabenpapierschablone ist so gearbeitet, dass sie in jedem Fall den Fischkörper deckt. Nur die Flossen und das Maul schauen aus dem kugeligen Körper hervor. Der rote und der orangefarbene Fisch erhalten noch jeweils Seitenflossen, die mit Klebstoff gemäß Abbildung in einer Seitenwabe festgeklebt werden. Bei dem gelben Fisch läuft die Rotationsachse senkrecht zum Körper, bei allen anderen Figuren quer. Schneiden Sie für den Krebs zusätzlich aus Karton 4 Scherenteile sowie Augen aus und kleben Sie diese auf.
Zum Schluss noch die Alge aus grüner Wellpappe doppelt ausschneiden. Für die Aufhängung empfiehlt sich ein schöner größerer Ast bzw. Korkenzieherhasel, blau oder grün lackiert, der dann die Wasseroberfläche darstellt.

13. Mobile Schwanensee

Sie benötigen:
- ***Fotokarton in Beige und Dunkelbraun***
- ***Wabenpapier in Weiß***
- ***für die Aufhängung Nylonfaden, Mobilestangen oder einen Zweig Korkenzieherhasel***
- ***11 Schablonen***

Originalgröße der Einzelfiguren: 25 cm

Schneiden Sie jeweils 1 x aus beigefarbenem Fotokarton den Körper der Figur aus. Für die Haare aus dunkelbraunem Karton benötigen Sie je zwei Teile, da die Figuren gegengleich gearbeitet werden. Die Ballettkleider sind für alle Tänzerinnen gleich und müssen je 2 x aus Wabenpapier geschnitten werden. Achten Sie hier beim Zuschnitt des Wabenpapiers besonders auf die Passerlinien der Wabenpapierverklebung. Nachdem Sie die Haare von der einen Seite aufgeklebt haben, kleben Sie den zweiten dunkelbraunen Fotokarton dagegen.

Ein Tipp: Die zweite Frisur nur im Gesichtsbereich ausschneiden, die Außenkontur kann einfach und besser am ersten Karton nachgeschnitten werden. Dies gilt besonders für die Zopffrisuren. Das Anpassen der Kleider erfordert etwas Fingerspitzengefühl. Wenn Sie die zweite Lage schließen, beginnen Sie immer mit der äußersten Kleiderspitze. Am schönsten wird die Figur, wenn

beim Kleid nur Wabenpapier auf Wabenpapier geklebt wird. Sie können jedoch auch für das Kleid eine weiße Schablone anfertigen. Doppeln Sie hierfür die Schablone vom Kleid aus Wabenpapier und kleben Sie diese von einer Seite auf die Figur, um daran das Kleid zu befestigen. Hängen Sie die Figuren entweder einzeln oder in Gruppen auf.

14. Mobile Sandmännchen

Sie benötigen:

- ***Fotokarton in Gelbtönen, Hellblau, Weiß und Beige, Reste in Hellbraun, Schwarz und Rot***
- ***Wabenpapier in Hellblau und Weiß***
- ***Wellpappe W-Welle in Weiß***
- ***für die Aufhängung Nylonfaden, Mobilestangen oder einen Zweig Korkenzieherhasel***
- ***22 Schablonen***

Originalgröße Sandmännchen: 34 cm Höhe (Wabenpapier)
Originalgröße Schafe: ca. 9,5 cm Höhe

Beginnen Sie mit dem Übertragen der Schablonen auf den Karton und das Wabenpapier. Fertigen Sie das Wabenpapier nach der Anleitung „Zauberer" (S. 27) an. Schneiden Sie hierfür 4 x den Halbtropfen aus hellblauem Wabenpapier, erst zur Spitze hin ausschneiden, dann unten die Rundung anfügen. Bevor Sie das Wabenpapier aufkleben, befestigen Sie die Aufhängung an den durch ein Kreuz markierten Stellen auf der Mittelachse der Schablone. Kleben Sie dann die Schnur mit Tesafilm bis zur Spitze hin fest. Setzen Sie nun die Wabenpapierteile auf. Schließen Sie die Figur und hängen Sie sie am besten direkt auf, um eine Beschädigung der unteren Partie zu vermeiden.

Schneiden Sie dann die Hutkrempe nach der Schablone Zauberhut mit dem größten Außen- und dem kleinsten Innendurchmesser aus gelbem Karton aus und setzen Sie diese auf den Tropfen auf. Für die Hutspitze 2 x aus sonnengelbem Karton die Sternschnuppe ausschneiden sowie zwei hellgelbe mittlere Sterne, welche von außen auf die Sternschnuppen geklebt werden. Bei der Befestigung der Sternschnuppen auf dem Hut die Hutspitze und das Aufhängeband mitfassen. Unter die Figur wird ein großer zitronengelber Stern geklebt, der mit einem mittleren sonnengelben Stern verziert ist.

Fertigen Sie nun das Gesicht gemäß Abbildung. Achten Sie beim Zuschneiden der Wellpappe auf die vorgegebene Wellenrichtung. Fixieren Sie den Bart auf dem Gesicht, dann Mund und Nase und darüber den Schnäuzer.

Befestigen Sie Augen und Augenbrauen sowie seitlich die Haare. Biegen Sie das gesamte Gesicht leicht vor und kleben Sie es mit Weißleim unter der Hutkrempe fest. Schieben Sie auf die Krempe zur Dekoration noch einen kleinen Stern auf, der bis zur Mitte geschlitzt ist. Schneiden Sie den Schäferstab 2 x aus Wellpappe aus und kleben Sie ihn seitlich an.

Für die Schafherde werden drei kleine und ein größeres Schaf zugeschnitten. Schneiden Sie die Ohren jeweils an einem Stück zu, falzen Sie mittig, kleben Sie sie jedoch erst zum Schluss auf das fertige Schaf. Fertigen Sie das wollige Schaffell mit einer kleinen Nagelschere je 2 x aus weißem Wabenpapier und kleben Sie es gemäß Schablone auf beiden Seiten auf. Für die Aufhängung werden mehrere Lagen Wabenpapier zusammengefasst und der Faden wird ein Stück versenkt im Körper befestigt. Doppeln Sie über jedem Schäfchen einen kleinen Stern und befestigen Sie ihn an der Schnur.

15. Zauberer Merlin

Sie benötigen:

- *Fotokarton in Gelbtönen, Hell- und Dunkelblau, Reste in Schwarz, Beige und Hellbraun*
- *Wabenpapier in Blau*
- *Wellpappe W-Welle in Weiß*
- *16 Schablonen*

Originalgröße: ca. 35 cm Höhe

Schneiden Sie aus dunkelblauem Fotokarton die Mittelrippe für die Kegelfigur des Zauberers aus. Schneiden Sie danach aus dunkelblauem Wabenpapier 4 x einen spitzen Halbkegel zu.

Achtung: Der rechtwinklige Wabenverlauf zur Rotationsachse ist hier besonders wichtig, die Figur lässt sich sonst nicht schließen. Verfahren Sie beim Zuschneiden, wie in der Grundanleitung beschrieben, mit dem Cutter von der Breitseite zur Spitze hin. Schneiden Sie diese Figur möglichst nicht mit der Schere. Verkleben Sie je zwei Lagen Wabenpapier zu einem Päckchen und setzen Sie dies von oben und unten auf die blaue Mittelrippe auf. Bringen Sie dabei die Seitenkanten zur Deckung. Jetzt dehnen Sie beide Hälften vor und geben eine Fixogum-Klebenaht auf die hohe Kante des Wabenpapiers entlang der Rotationsachse und verkleben danach zügig beide Seiten mit dem Karton, um die Figur zu schließen. Schneiden Sie danach drei Ringe aus Fotokarton. Den unteren mit dem größten Innendurchmesser aus sonnengelbem, den zweiten mit einem mittleren Innendurchmesser aus blauem Karton und den dritten gezackten Kreis mit dem kleinsten Innenradius aus zitronengelbem Material. Am einfachsten geht es mit einem Schneidezirkel. Nehmen Sie dafür nur die Radien von der Schablone ab und schichten Sie die farbigen Ringe gemäß Abbildung auf den Kegel. Aus dem blauem Mittelstück schneiden Sie eine Spirale mit ca. 5 mm Breite zur Mitte hin auf. Für die Hutdekoration und den Zauberstab benötigen Sie drei große Sterne in Zitronengelb nach der Schablone „Sterne für das Sandmännchenmobile" sowie einen hellblauen Stern von der kleineren Sorte. Die für die Hutdekoration benötigten Sterne werden bis zum Mittelpunkt hin eingeschnitten und auf die Hutkrempe geschoben.

Für das Gesicht schneiden Sie zuerst das angeschnittene Oval in Beige und die Nase in Hellbraun, dazu runde schwarze Augen mit kleinen weißen Lichtern. Nehmen Sie danach die Wellpappe zur Hand. Der Schablonenverlauf sollte dem Wellpappenverlauf entsprechen. Schneiden Sie 2 x die Haare, Augenbrauen und den Schnäuzer zu. Danach einmal den dreigeteilten langen Rauschebart. Kleben Sie erst den Bart auf das Gesicht, dann Nase und Augen, darüber die Augenbrauen, seitlich die Haare und zum Schluss den Schnäuzer. Biegen Sie nun die Form insgesamt leicht vor, um sie so der Kegelform anpassen zu können, und kleben Sie dann das Gesicht unter der unteren Hutkrempe mit Weißleim fest.

Aus dem gelben Innenkreis schneiden Sie ein Paar Pantoffeln und setzen diese unter die Figur. Für den Zauberstab wird ein schmaler Streifen schwarzen Kartons einmal längs angeritzt und gefalzt, um ihm so mehr Stabilität zu geben. An seinem Ende werden von vorne und hinten je ein zitronengelber Stern aufgeklebt.

Stecken Sie nun den Zauberstab schräg gegen die Wabenrichtung in die Figur. Hierfür muss die zweite Ebene der Waben mit einem spitzen Gegenstand durchstoßen werden – und fertig ist der Zauberer.

16. Schneemann Fritze Frost

Sie benötigen:

- ***Fotokarton in Weiß und Schwarz, Rest in Rot***
- ***Wabenpapier in Weiß und Schwarz***
- ***5 Schablonen***

Originalgröße: 24,5 cm Höhe

Schneiden Sie aus Wabenpapier gemäß Grundanleitung (S. 8) 3 x den Schneemann in Weiß zu, ebenso den Hut 3 x aus schwarzem Wabenpapier. Für den Besen benötigen Sie 2 x das Schablonenteil aus schwarzem Wabenpapier. Fügen Sie nun den Schneemann in der „Nahtlostechnik“ zusammen: Kanten abgleichen, Päckchen kleben, Rotationsachse fixieren, eine Flachseite mit Kleber bestreichen und die Form zusammenfügen. Stellen Sie ebenso den Besenkopf und den Zylinder her. Kleben Sie letzteren mit Weißleim auf das abgeplattete Kopfteil des Schneemanns. Stellen Sie nun die Nase aus rotem Fotokarton her. Entlang der Mittellinie wird mit dem Cutter gefalzt und geknickt. Kleben Sie die Nase mit dem Falz nach oben in eine der Rhomben mittig vom Schneemannkopf. Schneiden Sie dann 4 Knöpfe und 2 Augen aus schwarzem Karton zu. Diese müssen nicht rund sein und können daher gut freihändig geschnitten werden. Für den Mund muss ein 5 mm breiter Kartonstreifen unten 4 x eingeschnitten werden. Biegen Sie das Ganze etwas rund und befestigen Sie den Streifen unter der Nase. Falzen und knicken Sie für den Besenstiel einen ca. 15 cm langen schwarzen Kartonstreifen. Danach wird der Besenkopf zusammengesetzt, das Ende des Stiels mit Klebstoff bestrichen und die Waben gleichmäßig um den Stiel verteilt.

Stecken Sie zum Schluss den Besenstiel in die erste Rhombe nach der Taillierung und durchbohren Sie eine weitere Lage Wabenpapier schräg, sodass der Besen festen Halt im Körper hat - jetzt kann der Winter kommen!

17. Tannenbäume

Sie benötigen:

- ***Wabenpapier in Grün (evtl. in Hell- und Dunkelgrün)***
- ***Schablonen***

Originalgröße: 24 und 31 cm Höhe

Die Tannenbäume sind als reine Rotationsfiguren im „Nahtlosklebeverfahren“ herzustellen. Schneiden Sie je 3 Lagen Tannenbäume aus dem Wabenpapier aus und fügen Sie dies gemäß der Grundanleitung zusammen. Nun werden Päckchen geklebt, das Papier wird vorgedehnt, die Bäume zusammengeklebt und die Achsen fixiert. Achten Sie besonders darauf, dass die obere Spitze geschlossen ist.
(Abb. S. 29 und 32)

18. Platzkarte Winter in den Bergen

Sie benötigen:

- ***Fotokarton in Weiß und Hellgrün***
- ***Wabenpapier in Dunkelgrün***
- ***1 Bleistift HB***
- ***1 Stift in Dunkelgrün***
- ***3 Schablonen***

Originalgröße: 18,5 cm Länge

Schneiden Sie gemäß den Schablonen 2 x den Tannenbaum aus grünem Wabenpapier zu. Für die eigentlichen Platzkarten wird aus weißem Karton die Berglandschaft doppelt ausgeschnitten. Dafür sollten Sie erst ein Rechteck entsprechender Größe in der Mitte falzen oder mit dem Cutter leicht vorritzen. Schneiden Sie dann den Umriss beider Pappseiten gleichzeitig aus. Schneiden Sie in den vorderen Teil den Fensterausschnitt für das eigentliche Namensschild.

Tipp: Sollten sich Ihre Gäste untereinander nicht kennen, ist es gut, auch die Rückseite der Karte mit Fensterausschnitt und Namensschild zu versehen.

Verkleben Sie nun die hohen Kanten der zusammengeklappten Karte. Biegen Sie den Karton etwas zwischen Daumen und Zeigefinger, sodass eine leichte Rundung entsteht. Das verleiht der Karte mehr Stand. Setzen Sie in den Innenkreis die Schneewehe ein und fixieren Sie den Tannenbaum am äußeren Ende der Karte. Schattieren Sie mit dem Bleistift die Bergkämme gemäß der Abbildung leicht an.

Schneiden Sie aus hellgrünem Karton ein Schildchen, das in die Karte hineinpasst, und beschriften Sie dieses ein- oder beidseitig vor dem Einschub.
(Abb. S. 29)

19. Weihnachtswichtel

Sie benötigen:

- ***Fotokarton in Rot, Reste in Beige, Orange und Schwarz***
- ***Wabenpapier in Rot***
- ***Vivelle in Weiß (alternativ Fotokarton in Weiß)***
- ***8 Schablonen***

Originalgröße: 17 cm Höhe

Für den Wichtel schneiden Sie 2 Lagen Wabenpapier zu und verarbeiten es auf dem Fotokarton gemäß Grundanleitung (S. 8). Schneiden Sie aus weißem Vivelle den Hutkrempenkreis zu. Doppeln Sie den Ring und setzen Sie diesen auf den Kegel. Aus einem der Kreisabfälle wird der weiße Bart gefertigt. Schneiden Sie gemäß Schablone oben ein Segment ab. Setzen Sie dann den Fotokarton in Beige auf. Bekleben Sie diesen gemäß Abbildung mit Augen und Nase. Zum Schluss werden nochmals die Füße

doppelt aus Vivelle ausgeschnitten und unter den Körper geklebt – fertig ist der erste Wichtel.
Diese Schablonen lassen sich einfach vergrößern, so können Sie ganze Wichtelgruppen herstellen. Verlängern Sie hierfür nur den Kegel an den Außenkanten. Die Breite der Krempe richtet sich dann nach dem Außendurchmesser. Sie können auch einfach die Vorlage Zauberer nehmen und die blauen Teile in rotem Wabenpapier zuschneiden. Wählen Sie dann die mittlere Hutkrempe und gleichen Sie das Gesicht gemäß diesem Muster an.
Am schönsten sehen die Wichtel in einer Gruppe vor grünem Tannenwald aus (S. Tannenbäume S. 30).